我们一起解决问题

数字化转型实践丛书

产业数字化

刘权 ◎ 著

以数字技术
加速产业转型增长

人民邮电出版社
北京

图书在版编目（CIP）数据

产业数字化：以数字技术加速产业转型增长 / 刘权著. -- 北京：人民邮电出版社，2022.12（2023.7重印）
（数字化转型实践丛书）
ISBN 978-7-115-60230-5

Ⅰ. ①产… Ⅱ. ①刘… Ⅲ. ①产业经济－转型经济－数字化－研究－中国 Ⅳ. ①F269.2

中国版本图书馆CIP数据核字（2022）第188258号

内 容 提 要

产业数字化是数字经济发展的主阵地，是新形势下我国经济社会发展的重要引擎。但是，什么是产业数字化？我国产业数字化转型的模式与路径、技术驱动力有哪些？新基建与产业数字化是什么关系？制造业、农业、服务业如何实现数字化转型？面对这一系列问题，我们需要一个清晰的框架。

本书对产业数字化的概念、发展现状、底层技术、未来趋势等内容进行深入的分析与研讨，详细描述了我国产业数字化发展体系，为社会、政府、企业提出了全新的数字化转型建设范式。同时，本书通过大量的案例展现了战略数字化转型、管理数字化转型、商业模式数字化转型及技术数字化转型的具体实践。

本书适合政府机构产业政策制定者、数字经济研究者、行业从业者及高等院校相关专业的师生阅读。

◆ 著　　刘　权
责任编辑　张国才
责任印制　彭志环

◆ 人民邮电出版社出版发行　北京市丰台区成寿寺路11号
邮编 100164　电子邮件 315@ptpress.com.cn
网址 https://www.ptpress.com.cn
涿州市般润文化传播有限公司印刷

◆ 开本：700×1000　1/16
印张：14.5　　　　　　2022年12月第1版
字数：200千字　　　　2023年7月河北第3次印刷

定价：79.00元

读者服务热线：（010）81055656　印装质量热线：（010）81055316
反盗版热线：（010）81055315
广告经营许可证：京东市监广登字20170147号

推荐序一

中国科学院院士　倪光南

数字经济是以数据为关键生产要素，基于新一代数字技术，实现资源优化配置的高级经济形态。我国数字经济蓬勃发展，已成为促进经济社会高质量发展的重要引擎。2021年，我国数字经济发展又取得了新突破，数字经济规模达到45.5万亿元，同比名义增长率高达16.2%，占GDP的比重达到39.8%。数字经济在国民经济中的地位更加稳固，支撑作用更加明显。我国数字经济增长速度全球领先，数字经济作为国民经济的"稳定器""加速器"，其作用日益凸显。

数字经济在我国经济发展中具有重要地位。《中共中央关于制定国民经济和社会发展第十四个五年规划和二〇三五年远景目标的建议》也提出，加快数字化发展，发展数字经济，推进数字产业化和产业数字化。但是，数字经济在高速增长的同时，也逐渐显现出信息不对称、数字信任危机和数字安全风险等问题。这些问题不同程度地制约了各个产业的数字化发展，产业的数字化发展亟须突破和创新。

刘权博士领衔创作的《产业数字化：以数字技术加速产业转型增长》一书对上述问题进行了全面而系统的探讨，这是他带领团队在数字经济领域多年研究的又一扛鼎之作。

首先，本书对我国产业数字化进行了全面深刻的解读，包括产业数字化的趋势、路径、技术驱动力及基础设施。在这一部分，我们还能看到欧美等发达国家数字化转型所经历的过程。解读的过程，逻辑严谨且通俗易懂，读者能够一步步感受到我国发展数字经济的紧迫性。

其次，本书对制造业、农业、服务业三大产业的数字化进行了研究，总结了三大产业数字化发展的现状，梳理了各种数字技术在三大产业中的应用情况，并对未来可能的发展方向分别做出了科学的论述。这些研究成果为三大产业的数字化进程指明了方向。

另外，本书还从企业视角探讨了当今形势下如何使用数字技术提高核心竞争力，为企业数字化发展给出了很多参考案例，帮助企业在数字化建设过程中规避风险、节约成本、提高效率、保证效果。

最后，本书在分析产业数字化趋势的同时，揭示了数字经济大趋势下技术驱动的作用与意义，能够帮助政府和企业以场景应用为抓手、以技术创新为引擎，在为我国数字经济发展添砖加瓦的同时实现自身的发展。

《产业数字化：以数字技术加速产业转型增长》一书从理论、技术和应用等方面出发，聚焦于数字技术与产业数字化两者之间的相互联系，进行了有意义的探讨。本书对我国企业抓住数字经济发展带来的巨大机遇，在新一轮科技革命中抢占数字经济国际竞争战略制高点，具有很好的理论价值和现实意义；对数字经济相关产业更好地进行数字化转型也有一定的借鉴作用。

数字经济在我国经济发展中的地位越来越显著，将数字技术应用到数字经济发展中，能够更好地帮助各个产业快速完成数字化进程，实现数字经济的高质量发展。总之，数字技术与产业数字化的未来发展之路值得我们共同关注和期待！

推荐序二

挪威科学院院士 容淳铭

随着大数据、云计算、物联网、区块链等数字技术不断创新，数字经济成为引领各国经济增长的新动力，正在重塑全球经济竞争格局。面对经济发展的新机遇，全球主要国家纷纷将数字经济视为实现经济增长的关键依托，着力推动数字技术创新突破、产业数字化转型、政府治理数字化发展，以数字技术驱动经济的腾飞。当前的数字经济已经深刻改变了人类的生产、生活方式，数字化、智能化场景持续推动着传统行业的转型升级，产业数字化方面的诸多理论和实践正在促使三大产业和数字世界日益走向融合。

近年来，中国的数字经济规模持续扩大、应用不断深化，日益成为驱动经济增长、促进经济高质量发展的关键引擎。而产业数字化已经成为当前我国发展数字经济的主要任务，为全国数字化建设开启了新篇章。

在数字经济飞速发展的时代背景下，对数字技术的研究和应用成为产业数字化的基础依托和当前数字经济发展的重要推动力。数字技术的应用主要通过动能转换、结构优化与效率提升等方式帮助产业进行数字化转型，进而促进数字经济发展。三大产业如何恰当运用新兴数字技术，如何平滑实现数字化转型，如何在应用实践中反推数字技术进一步发展，成为全社会关注的焦点。

《产业数字化：以数字技术加速产业转型增长》是一本深入分析产业数字化推动数字经济发展与数字技术应用的著作，本书系统地梳理了数字经济与产业数字化发展的新内涵、新趋势和新特性，探讨了数字技术的应用价值，从产业数字化的角度分析数字技术如何赋能和推动产业发展。

数字技术本身的发展及对数字技术的研究，离不开产业的支持和来自应用实践的反馈。本书也在分别研究各个产业数字化进程的过程中发现，当前我国产业数字化的理论体系、应用场景、管理水平、数据安全等方面还存在一些问题和不足，值得政府、企业和社会各界给予必要的关注。

产业数字化与数字技术都是当前信息行业关注的热点，它们之间互相推动、快速发展，势不可当。产业数字化的进程也将推进数字经济新业态、新模式、新理念的发展，共同加速智能化、数字化经济时代的到来！

前 言

当前,以信息技术和数据作为关键要素的数字经济正在蓬勃发展,并成为推动实体经济转型升级、区域发展提质增效的主要力量。《中华人民共和国国民经济和社会发展第十四个五年规划和二〇三五年远景目标纲要》明确提出"加快建设数字经济、数字社会、数字政府,以数字化转型整体驱动生产方式、生活方式和治理方式变革"。因此,产业数字化成为我国产业转型发展的必由之路。

产业数字化是指利用新一代数字技术赋能传统产业,以数据为关键生产要素,实现产业链上下游全要素的价值释放、生产模式升级和生产关系再造。然而,我们在研究中发现,产业在进行数字化时最大的挑战之一是对数字经济、数据思维、数字技术、数字资产、数据要素难以准确理解。推进产业数字化,需要产业自主提升认知能力。如果产业对数字化的概念不清晰、认知能力不足,产业互联网、技术赋能及数字化很难真正实现其应有的价值和作用。由此,我们创作了这本书。

我们希望通过研究我国产业数字化发展趋势和先进国家数字化进程,摸索出我国产业数字化转型的基本模式；通过研究新一代数字技术和新型基础设施在产业数字化中如何发挥作用，探讨我国三大产业数字化转型、升级和再造的实际路径；通过研究和总结关键概念、核心技术和各类成功案例，帮助企业和产业顺利开展具体的数字化工作。本书汇总了我们近年来的诸多研究成果，反映了我们对产业数字化的认识和判断，希望对读者有所帮助。

本书由刘权主持创作，黄忠义、孙小越、高睿、郭杰、王静静、李立雪、张博卿、周千荷也参与了写作，付出了巨大的努力。同时，本书的创作得到了相关部门领导、行业专家的大力支持和耐心指导，我们在此一并表示诚挚的感谢。由于能力有限，我们的研究内容和观点还存在不足之处，敬请广大读者和专家批评指正。

目 录

第1章 产业数字化转型成为发展的必然趋势 ··· 1

1.1 数字化正在改变人类社会 ·· 3
- 1.1.1 深刻变革生产方式 ·· 3
- 1.1.2 构建数字化的商业模式 ·· 7
- 1.1.3 全面重塑城市治理模式 ·· 10
- 1.1.4 改变人类的生活方式 ·· 13

1.2 产业数字化的概念 ·· 16
- 1.2.1 产业数字化的内涵 ·· 16
- 1.2.2 产业数字化发展体系 ·· 19
- 1.2.3 产业数字化助力数字经济发展 ·· 22

1.3 产业数字化转型的重要机遇 ·· 23

1.4 产业数字化转型迫在眉睫 ·· 26
- 1.4.1 经济增速放缓亟须动力 ·· 26
- 1.4.2 中小企业亟须重塑企业价值 ·· 28

第2章 全球产业数字化转型路径探究 ·············· 29

2.1 美国产业数字化转型路径 ·············· 31

2.2 德国产业数字化转型路径 ·············· 33

2.3 日本产业数字化转型路径 ·············· 34

2.4 全球产业数字化转型战略启示 ·············· 36

第3章 我国产业数字化转型战略、模式与路径 ·············· 39

3.1 我国产业数字化转型发展战略 ·············· 41

    3.1.1 产业数字化与数字中国的渊源 ·············· 41

    3.1.2 国家相继出台多项产业数字化政策 ·············· 42

    3.1.3 地方层面加强产业数字化战略引导 ·············· 44

3.2 我国产业数字化转型模式初步形成 ·············· 46

3.3 我国积极探索产业数字化转型路径 ·············· 51

第4章 产业数字化转型的技术驱动力 ·············· 55

4.1 大数据与云计算释放数据价值 ·············· 57

    4.1.1 大数据助力数据深挖 ·············· 58

    4.1.2 大数据与云计算共同实现数据深度分析 ·············· 59

4.2 人工智能推动产业智能化 ·············· 60

    4.2.1 人工智能推动产业智能化升级的主要表现 ·············· 61

    4.2.2 人工智能推动产业智能化升级的发展前景 ·············· 62

4.3 物联网助力产业数字化实现万物互联 ·············· 63

4.4 工业互联网引领实体经济转型 ·············· 66

4.5 区块链营造产业数字化信任环境 ·············· 68

    4.5.1 区块链技术的特点 ·············· 69

    4.5.2 区块链实现资源整合，打造可信环境 ·············· 70

4.6　5G构建开放融合的智能化网络 ······························· 71

第5章　新基建构筑产业数字化转型底座 ························ 75

5.1　信息基础设施 ··· 77
    5.1.1　通信网络基础设施 ··· 78
    5.1.2　新技术基础设施 ·· 80
    5.1.3　算力基础设施 ··· 81

5.2　融合基础设施 ··· 84

5.3　创新基础设施 ··· 87

第6章　数字化引领制造业高质量发展 ····························· 89

6.1　我国制造业的地位与困境 ·· 91
    6.1.1　制造业在我国经济发展中的重要地位 ·················· 91
    6.1.2　我国制造业发展的困境 ···································· 92

6.2　我国制造业的数字化转型迫在眉睫 ································ 94
    6.2.1　制造业数字化转型的必要性 ······························ 94
    6.2.2　我国制造业数字化转型取得积极成效 ·················· 96
    6.2.3　未来我国制造业数字化转型仍面临多重考验 ······· 101

6.3　我国制造业数字化转型的典型应用 ······························ 103
    6.3.1　汽车制造业业务流程数字化 ···························· 103
    6.3.2　服装制造业数字化转型 ·································· 105

第7章　数字化挖掘农业新潜力 ····································· 109

7.1　全球数字农业的诞生与发展 ·· 111
    7.1.1　什么是数字农业 ·· 111
    7.1.2　全球数字农业发展历程 ·································· 112
    7.1.3　发达国家数字农业发展举例 ···························· 113

7.2 我国数字农业发展研究 ······ 114
7.2.1 我国数字农业发展历程 ······ 114
7.2.2 我国数字农业企业与产品 ······ 117
7.2.3 我国数字农业发展的影响因素 ······ 119

7.3 数字农业的相关技术与应用 ······ 121
7.3.1 技术发展加速农业数字化进程 ······ 121
7.3.2 数字农业技术应用实现突破 ······ 123
7.3.3 先进数字农业产品应用举例 ······ 125

7.4 数字农业的发展环境与趋势 ······ 128
7.4.1 我国数字农业的发展环境与问题 ······ 128
7.4.2 发展数字农业的作用和意义 ······ 132
7.4.3 数字农业的发展趋势 ······ 133

第8章 数字化助力服务业提质增效 ······ 137

8.1 数字金融 ······ 139
8.1.1 我国数字金融的发展现状 ······ 139
8.1.2 数字金融的底层技术 ······ 141
8.1.3 数字金融的发展展望 ······ 143

8.2 数字物流 ······ 145
8.2.1 我国数字物流的发展现状 ······ 145
8.2.2 数字物流的相关技术 ······ 147
8.2.3 数字物流发展展望 ······ 148

8.3 数字贸易 ······ 149
8.3.1 我国数字贸易的发展现状 ······ 150
8.3.2 数字贸易重塑全球价值链 ······ 151
8.3.3 数字贸易发展展望 ······ 152

8.4 数字交通 ······ 154
8.4.1 我国数字交通的发展现状 ······ 154

8.4.2 数字交通先进技术 ……………………………………………… 156
  8.4.3 数字交通发展展望 ……………………………………………… 159
 8.5 数字医疗 …………………………………………………………………… 160
  8.5.1 我国数字医疗的发展现状 ……………………………………… 161
  8.5.2 数字医疗的关键技术 …………………………………………… 163
  8.5.3 数字医疗发展展望 ……………………………………………… 164
 8.6 数字教育 …………………………………………………………………… 168
  8.6.1 我国数字教育的发展现状 ……………………………………… 169
  8.6.2 数字教育的应用场景与技术 …………………………………… 169
  8.6.3 数字教育发展问题与展望 ……………………………………… 171

第9章 企业数字化助推核心竞争力提升 …………………………………… 175
 9.1 企业数字化转型已成为必然趋势 ………………………………………… 177
  9.1.1 我国企业推进数字化转型的背景 ……………………………… 177
  9.1.2 "十四五"时期企业数字化转型的发展重点 ………………… 180
  9.1.3 我国企业数字化转型的四大革命 ……………………………… 182
 9.2 企业数字化转型的路径分析 ……………………………………………… 184
  9.2.1 制定科学的数字化转型战略 …………………………………… 185
  9.2.2 建立新型的组织管理体系 ……………………………………… 188
  9.2.3 创新数字产品、服务及商业模式 ……………………………… 191
  9.2.4 加强数字化基础设施建设 ……………………………………… 194
  9.2.5 推进释放数据价值，创新数据应用 …………………………… 196
 9.3 企业数字化转型的典型案例 ……………………………………………… 197
  9.3.1 企业战略数字化转型典型案例 ………………………………… 197
  9.3.2 企业管理数字化转型典型案例 ………………………………… 200
  9.3.3 企业商业模式数字化转型典型案例 …………………………… 203
  9.3.4 企业技术数字化转型典型案例 ………………………………… 207

第10章 产业数字化发展新趋势 209

10.1 技术融合创新驱动力进一步凸显 211
10.1.1 技术创新备受关注,技术融合态势显著 211
10.1.2 技术融合创新驱动产业数字化转型 212
10.1.3 技术融合创新既有优势又带来挑战 213

10.2 组织架构优化及商业模式变革成为企业转型的焦点 214
10.2.1 数字产业发展推动产业数字化转型 214
10.2.2 企业组织架构优化 214
10.2.3 企业商业模式变革 215

10.3 场景应用引领产业数字化发展新方向 216
10.3.1 供应链数字化转型,促使采购和销售升级 216
10.3.2 数字贸易构建国内国际双循环 217
10.3.3 数字化监管加强,数字税引发关注 218

第 1 章

产业数字化转型成为发展的必然趋势

当今世界正在经历百年未有之大变局,新科技革命和产业变革是大变局的关键变量。科学技术的信息化、智能化、数字化升级,不断推动着产业全供应链、全业务链、全价值链的升级。产业数字化已成为重组全球要素资源、重塑全球经济结构、改变全球竞争格局的关键力量。

1.1 数字化正在改变人类社会

近年来,"数字化"一词总被不断提及,并逐步成为引领各行业发展的先进技术、先进理念、先进标准的代名词。那么,数字化究竟是什么呢?狭义上的数字化是指利用数字技术对具体业务进行数字化改造,它关注的是如何应用数字技术降低成本、提高效率;而广义上的数字化则是利用数字技术对政府及企业等各类组织的业务模式和运营方式进行系统化、整体性的变革,是指数字技术对整个组织体系的赋能和重塑。

数字化是现代科学技术发展道路上的重要里程碑,是驱动数字经济发展的动力。随着大数据、云计算、区块链、人工智能、边缘计算等数字技术的广泛运用,数字化的影响力随处可见。当今时代,各行各业利用数字技术创造了越来越多的价值,不断以数字化手段赋能产业创新发展和服务体验升级,推动社会数字化转型,加速数字经济的发展。而且,人们的学习、工作与生活正在因数字化而不断发生改变。

1.1.1 深刻变革生产方式

生产方式是指依托生产要素获得社会生活所必需的物质资料的方式,在生产过程中形成的人与自然界之间和人与人之间的相互关系的体系。生产方式主要包括生产力与生产关系。随着数字技术水平不断提高,数字革命不断推动世界范围的生产要素升级，推动生产力水平的进步和生产关系的数字化，继而带来生产方式的变革，即生产方式数字化。

人类历史文明的进步与生产方式的不断发展及演变是息息相关的。从技术和工具发展的维度考察，回顾人类历史，从一万年前的新石器时代到青铜器时代，再到蒸汽（工业1.0时代）、电气时代（工业2.0时代），随着人类智力的不断开发与进步，生产方式也在不断变化升级，人类从纯手工化劳动逐步向自动化工作迈进。自20世纪90年代以来，人类社会进入信息时代（工业3.0时代），随着信息领域各分支技术的高速发展，信息领域的整体技术水平、平台能力和产业能效不断发展。如今，人类已经进入了智能化时代，即工业4.0时代，这是人类利用数字技术促进产业变革的时代。随着数字技术的进步，生产方式也在不断升级变化。

⊃ 数字化为生产方式带来突破性创新

随着数字技术的不断升级，生产方式的数字化转型逐步深入，这种影响主要表现为数字技术带来了生产模式智能化、生产管理精细化和生产组织平台化的转变。

（1）生产模式智能化

互联网作为数字化转型的重要媒介，具有最活跃的创新性，能够赋能和加速各产业的转型。尤其是在制造业，互联网深入渗透到产业链、供应链、价值链。而智能化就是在互联网大环境下对生产模式的提升。在制造业，智能化生产正在成为其跨越式发展的主流趋势。除了智能制造以外，智慧医疗、智慧校园、智慧家居、智慧办公也随着智能化生产模式的发展应运而生，正逐步融入和改变人类的生活。

（2）生产管理精细化

随着数字化发展的深入，数字技术正在赋能各个行业生产流程的不断升级，生产管理也逐步变得更精细、更深入。数字化生产管理有效提升了运营的精益程度、现场管理的高效程度和质量把控的严格程度,帮助传统产业向更高级的产业形态转型。

(3)生产组织平台化

在新一轮数字革命的浪潮下,一种新型组织形态——平台化组织应运而生。平台化是利用数字技术为全产业链提供端到端的交流与服务,而生产组织平台化是一种兼具传统企业组织特性和市场流通功能的新形态。不同于传统的企业形态,生产组织平台化提供了端到端的优质体验和差异化服务,以数字技术为基础,保持了相关机构运营的效率和灵活性,拓展了市场空间,有效降低了供需双方的交易成本与摩擦成本。

◯ 数据成为关键生产要素

在进入工业 4.0 时代以前,生产要素是指人力资本、土地及资源型财产,包括棉花、生铁、煤炭、钢铁、电力及石油等。这使生产方式即社会生活所必需的物质资料的获得方式多以消耗人力及物力为主。而数字革命带来的工业 4.0 时代正在世界范围内推动社会生产方式向数字化转型,对整个经济体系进行重组。随着技术的迭代发展,大数据、云计算、物联网、人工智能及区块链等新一代数字技术的深度应用产生了无穷的数据,相应数据与生物、新材料、新能源、空间及海洋等技术融合,催生了关键生产要素。数据的流通、处理及应用引导生产方式不断优化,带动了包括研发、制造、产业分工等方式的不断转型与创新。

新的关键生产要素及其组合引发了生产方式的重大调整。一是引发了产业形态的系统性重构。从产业分工到产业组织,数据改变了企业的运营模式、生产过程和资源分配的方式。二是促进了产业链环节的连接及融合。数据的流通使产业链上各机构实现了有效的业务与资源对接,降低了交流成本,提高了服务效率。三是重构了业务分工。数字化的生产方式将传统业务流程中分散的各个环节串联起来,实现了一体化生产。四是加快了产品的创新速度。各个行业通过互联网技术为用户提供了基于海量数据的维护与升级服务,加速了产品的升级与创新,并衍生了一系列的数字化产品。

⊃ 数字技术是生产力转变的根本原因

生产力是推动生产方式变革的重要因素,每一次生产力的突破都与当时的科学技术进步有密切的关系。例如,蒸汽动力与机械制造技术主导的工业1.0时代,以电力、内燃机及电磁通信技术为主导的工业2.0时代,以计算机、微电子、自动控制等技术为主导的工业3.0时代,目前第四次工业革命的主导技术则是大数据、云计算、物联网、人工智能及区块链等新一代数字技术。

数字技术的进步改变了劳动主体的结构,从而引发了更深层次的生产方式转变。劳动主体主要是指劳动者,而劳动者是生产力的主导因素。随着数字技术的不断融合与升级,生产力正逐步向数字化转变。现在关于工业4.0和智能生产的技术已经相对成熟,生产方式的数字化转型越来越常见。例如,随着人工成本的提高,越来越多的企业开始采用智能设备替代人工,逐步实现了无人化工厂。另外,企业依托大型机器的智能控制能力减少了体力劳动,劳动者逐步由手工作业转向研发、设计、控制、管理等技术密集型工作。

⊃ 数字技术重新定义生产关系

生产关系的重构是产业数字化的一个重要路径。数字化转型是调整和优化生产关系的过程,过程中依托数字理念和技术,从全社会、全产业、全供应链的角度改变了人们的生产习惯和工作方式,重新定义了生产关系。

(1)公开透明的生产关系

充分利用区块链技术的信息分布存储、难以篡改等特性保障生产环节的信息公开透明,可以促进生产关系的公平、公正。我们在应用区块链技术赋能生产关系时,可以对生产关系中的每个成员进行数据认证及上链,建立信用档案，采取奖惩机制，打造可信任的生产关系。

（2）公平对等的生产关系

数字技术将网络建设成为人类发展共同体、治理共同体、安全共同体、责任共同体、成果共同体及利益共同体。在此共同体中强调的是一种公平对等的数字化生产关系，包括机会均等、规则均等、权利均等及分配公正等。

（3）共享合作的生产关系

生产关系中各个组成部分依托大数据、云计算等技术，利用数据的共享流通、业务的共享协作，强化各方应用各类基础设施的能力，形成了更加高效、便捷的合作模式，从而转变现有商业模式、运营模式及服务模式，实现了生产关系的数字化转型。

1.1.2　构建数字化的商业模式

商业模式是指企业与各角色之间的交易关系和连接方式，它涉及的角色广泛，包括客户、员工、股东及政府等，贯穿企业业务活动的关键流程。企业大多基于现有资源（如资本、原材料、人力资源等）、运营方式、品牌效应、知识产权及创造力等提供有价值的产品和服务，形成独特的商业模式，提升市场竞争能力。

商业模式的数字化转型是利用新一代科学技术、先进设备、社交网络等数字化手段重构企业的业务活动、交易主体及交易方式。传统的商业模式注重渠道的建设，利用渠道开展促销、展示、营销活动。数字化的商业模式利用数字化手段倒逼商业模式的更新换代：一是通过强大的数字资源获取处理能力，以颠覆式创新打破主流市场的价值创造方式和价值获取方式；二是利用数字理念帮助企业重塑市场连接能力、客户管理能力及资源获取能力等，支撑商业模式转变；三是利用数字化的管理方式帮助相关企业实现数字视角的价值链上下游延伸，并通过构建全新的服务生态系统，帮助企业构建与客户、供应商及服务商等相关角色的全新管理流程，打造全新的商业模式；四是打破了信息通信的时空限制，为企业提供了全新的运营模式，解决了传统商业模式资源信息不对称的问题，降低了企业的商业成本，提升了企业的业务执行效率，促使各业务角色的消费模式、消费理念、消费习惯及消费行为升级。

⊃ 业务活动数字化

（1）数字化手段为业务活动增添了更多环节

企业利用数字技术可改变其业务模式，创造价值提升的新机会。例如，西门子、施耐德等跨国巨头企业基于底层数据库，整合人、信息系统及业务设备等，为现实工厂在虚拟世界实现了"数字孪生"。

（2）依托数字技术可打通多项业务活动

企业可利用大数据、云计算及区块链等数字技术实现数据的采集、清洗、分析、交易与流通，提高商业数据的精准度、可信度和广泛度，解决由交易双方信息不对称导致的欺诈和弄虚作假，保证了交易真实性、业绩真实性、操作合规性。例如，海尔集团依托大数据、物联网、区块链等新一代数字技术对传统的业务活动进行创新与升级，打造数据公开化互联网工厂体系，使整个商业模式实现了高度柔性，可以满足业务数据流通的真实、可追溯等要求。

⊃ 交易主体数字化

（1）数字技术拓展了交易主体范围、利益相关者范围和产品品类

例如，蚂蚁金服利用数据智能科技，将金融服务的合作对象扩展到除了支付以外的保险、基金、债券、理财等。企业通过搭建服务平台，对大量数据进行分析处理，根据数据分析结果拓展交易主体，提供更多服务。

（2）数字化引发新交易主体的产生

例如，数字营销可以更好地帮助企业精准形成用户画像、需求预测，并根

据画像与预测的情况实现产品智能推送。利用数字化"去中介"的属性，更直观地获取相关数据，从而提高效率、实现功能升级。

（3）数字化改变了交易方向

从企业对消费者（Business-to-Customer，B2C）到消费者对企业（Customer-to-Business，C2B），这种模式节省了客户和企业的时间及空间，实现了精准生产与销售，降低了库存风险，提高了交易效率。

⊃ 交易方式数字化

数字技术赋能交易模式，即利用数字技术在相关业务领域形成产业链管理，并对用户、流量和数据等各类资源进行合理的调动，实现智能化、便捷化、可信化及高效化的交易方式。

数字化交易方式的去中介化趋势明显。大数据、区块链等技术的有效应用使交易各方能够跨越时间、空间的限制，随时进行交流、交易，极大地改善了交易对接流程，真正实现了业务流、信息流及资金流的高效协同，大大提升了交易效率，降低了交易成本。

通过数字化创造新型交易模式，可以打造全球化的交易市场。网络零售、线上营销及跨境电商等新业态与新模式不断涌现，推动需求个性化、产品定制化、生产便捷化、订单小型化、营销多样化、交易线上化、信息透明化、宣传广泛化及服务全面化快速发展。

数字化降低了交易门槛，为企业提升产品质量提供了重要支撑。例如，大量中、小、微企业可以直接步入国际舞台，获得参与全球贸易的机会，更有机会确立品牌口碑。

随着数字技术的逐步成熟、应用场景的不断扩大，越来越多的企业管理者意识到在数字时代的大潮中转变旧有思维模式与商业模式十分重要。通过数字化手段，企业可以更好地了解用户对品牌、产品及服务的需求，进而向数字化商业模式迈进。

1.1.3　全面重塑城市治理模式

广义上的城市治理是指为实现城市经济、社会、生态等方面的可持续发展，对城市的资本、土地、劳动力、技术、信息及知识等生产要素进行整合，实现整体地域协调发展的过程，这是一种城市的地域空间治理概念。而狭义上的城市治理是指在城市范围内，在政府的主导下，包括专业机构、企事业单位、社会组织和城市市民的城市主体依照国家法律法规，在平等的基础上共同参与城市公共事务管理的过程。

传统的城市治理手段存在治理分散化／多头化、公共服务供给不足、治理队伍资源配置不协调、条块关系矛盾及城市部门各自为政等问题。城市数字化治理的本质是通过数字技术解决城市治理问题，是一种新型城市治理模式。这种模式以数据资源高效治理为要素基础，以城市智能中枢为重要技术手段，建立健全行政管理体制，打造新型服务监管方式，形成更优的行政决策、执行、组织及监督等体制机制，实现治理的集约化、协同化、精细化与智能化。城市数字化治理手段包括建立城市大数据平台、城市治理智能中枢及城市数字化治理体系。

➲ **建立城市大数据平台，加强数据资源有效汇集**

城市大数据平台是城市数据的第一承载体，对城市的经济、社会、文化及人口等人文社会信息进行挖掘、处理和分析，为数据开放提供平台支撑，为千行百业的数字化应用提供数据引擎，帮助政府、企业、人民群众进一步深入了解城市的现状及变化，准确判断城市发展，剖析城市发展的动力机制。

城市大数据平台以城市云为基础，实现各方数据的整合和处理，并对各行各业提供城市大数据应用。近年来，随着数字技术的不断升级，我国许多城市在充分考虑自身特点后构建了数据要素治理体系，打造了可视化城市大数据平台，实现了数据资源的多方收集、合理利用和价值释放。

案例 1：北京市政务数据资源网

北京市政务数据资源网致力于为北京市各政府部门提供可公开的各类数据资源及服务，为企业、科研院校和社会公众开展社会信息资源的开发与利用提供有效的数据支撑，推动相关工作的开展及产业发展。

案例 2：杭州市数据开放平台

杭州市数据开放平台是公共数据服务综合性网站，整合各行业的数据信息，提供数据下载、数据查询、接口调用及应用开发等服务，致力于充分发挥政府数据资源的整体开发利用价值，满足公众对政府数据的知情权；通过对平台数据的使用更好地实现城市治理，促进跨领域数据融合、数据开放，以及充分释放数据价值。

案例 3：贵阳市政府数据开放平台

贵阳市政府数据开放平台以建设块数据城市为目标，以政府数据资源目录体系建设和项目驱动为抓手，以"一网""六平台""一企""一基地"为载体，整合城市、国家、互联网数据，建设数据资源池，提高政府数据资源开发利用价值，提升行政效率和政府治理水平，促进大数据产业发展。

⊃ 建立城市治理智能中枢，打造数字化"城市大脑"

通俗地说，"城市大脑"就是利用新一代数字技术，为城市交通治理、环境保护、城市精细化管理、区域经济管理等构建一个后台系统，打通不同平台，推动城市数字化管理。它的目的就是实现城市中人与人、人与物、物与物之间的信息交互和城市服务的快速智能反应。

"城市大脑"打通了城市神经网络，让数据串联起来，为实现城市的精细化管理、解决城市管理难题开辟了一条新路径。另外，将数据转换为科学、合理的业务模型，形成城市基础运行能力、状态监控视图、预警网络及协同治理体系，可以为城市综合治理提供决策依据，让城市管理工作更加高效。

案例1：杭州市——发源于交通领域的"城市大脑"

2016年4月，为了有效解决城市拥堵问题，杭州在全国率先提出建设"城市大脑"，以交通领域为突破口，开启了运用数字技术改善交通拥堵的探索。一年后，杭州"城市大脑"在交通治理方面取得了很好的成效。2017年，杭州的交通拥堵排名从全国第2位下降至第35位。治堵取得阶段性胜利后，杭州推出了"城市大脑升级版"，建立了市级系统、部门系统、区县平台和街道平台四类数字驾驶舱，并且聚焦城市治理的"痛点""堵点""热点""难点"。目前，杭州"城市大脑"已上线舒心就医、数字旅游专线、应急防汛、叶菜基地管理、食安慧眼、电梯智管、易租房及智慧环保等11个系统和48个应用场景。

案例2：北京市海淀区——探索提升基层治理能力的"城市大脑"

2018年初，为了有效破解基层治理长期依靠突击式、运动式执法，部门之间各自为战，数据孤岛严重等问题，北京市海淀区政府与百度公司合力打造了以"1+1+2+N"为总体架构的"城市大脑"，即一张感知网、一个智能云平台、两个中心、N个创新应用。海淀区利用"城市大脑"整合区域内数据，对区域内城市运行状态进行实时动态监控，及时发现和解决公共安全、城市环境、交通出行与环保生态等方面的重点问题。目前，海淀区的"城市大脑"构建了接入能力达500万量级的全区物联感知网络平台，300多台监测基站覆盖全区，并实现了一键式12秒抓拍、自动生成车辆违章记录，在建设科技城市、提升城市管理水平等方面取得了显著的成效。

案例3：银川市——构造超智慧的"城市大脑"

银川市为进一步提升城市治理现代化水平，启动建设了"城市大脑"——银川市智慧城市运营管理指挥中心，构建了"一中枢、六平台、六中心"城市运营管理指挥体系。智慧城市运营管理指挥中心统筹整合了智慧政务、智慧民生、智慧医疗、智慧交通及智慧消防等现有及在建的平台系统，归集了全市政务服务、企业服务与公共服务等各类数据信息，为银川市社会治理、民生服务、经济发展释放着"城市大脑"的智慧。

◐ **完善城市治理体系，提升城市治理能力**

数字化手段可以帮助政府实现跨层级、跨部门协同，提升政府的工作协同效率。近年来，政府不断推进数字化建设，平台型政府逐步出现在人们的视野中。政府各部门通过数字化手段实现了业务的纵向贯通与横向协同，在日常治理中做到了思路齐、责任明、落实有力、行动迅速；在发生重大突发事件时能够充分共享各级部门掌握的信息及资源，建立对突发事件科学、客观的认知，大幅缩减了政府的城市治理流程，完善了城市资源统筹协同机制。

数字化手段可以赋能监管监督，提升城市保障能力。各类公共事件往往涉及大量的政府物资调配、人员流动，无论是政府、企业还是人民，都对相关物料、资源的落实表现出高度的关切。然而，受到各方因素的影响，相关流程和环节难以得到有效的监管，存在隐患。随着区块链等技术的发展，相关政府机构和监管部门作为节点共同组建公开、透明、可追溯的可信监管体系，将极大地提升城市主管部门在应对各类公共事件时的执行能力。

数字化手段可以加强基层社会共治，为群众提供暖心服务。基层社会共治是以全民参与治理为基础，借助一体化平台实现的"上面千条线、下面一根针"的治理方式。传统的社会服务管理均采取以条为主、各自为战的方式方法，未形成合力，群众的困难难以实现准确传递、及时回应。依托数字技术结合工作实际，设立融合诉求收集、信息采集、问题受理、综合监管、协调指挥、处理结果和记录评价功能于一体的工作模块，就可以打造共建、共治、共享的社会治理格局，为群众提供暖心服务。

1.1.4 改变人类的生活方式

数字化给人们带来了更好的生活体验和工作便利。例如，在购物、医疗、交通及社交等多个方面,数字化应用越来越普遍。

(1)购物方式

在淘宝、京东、拼多多等电商平台出现之前,传统的销售模式都是通过固定的经营场所和经营时间进行实体营销,人们需要通过真实观察、实地触摸所需商品来确定是否购买,这消耗了大量的体力、时间。

在传统的购物场景中,由于从产品制造端到消费端往往是单向链条,信息传导较慢,销售者无法获取消费者的意向与喜好,消费者也不能及时了解门店产品的类型与质量。数字化时代,电商平台成了零售行业新型的供需组织者,依托互联网产消资源,商家与上亿消费者同时在线,通过消费者智能喜好分析与推荐功能,帮助产消双方围绕消费者的个性化需求进行实时沟通和匹配,实现了从原来的单向产业链到以消费者为中心的环状产业协同生态的转变。消费者也不用花费大量精力在实体商店进行挑选,甚至连现金的支付也被电子支付替代。很多情况下,人们通过一部手机,几分钟就可以完成购物,这样的便利是很多人都无法拒绝的。

(2)医疗方式

数字医疗是将数字技术应用于整个医疗过程的新型医疗方式,是公共医疗的发展目标。随着数字技术与现代医学的有效融合与应用,近年来数字医疗得到了极大的发展。例如,人们利用数字化穿戴传感器感知和记录实时心跳、体温、汗液等各种生理指标,通过大数据分析提前预测可能产生的疾病;医生可根据患者的情况制定个性化治疗方案,实现对疾病的精准把控和有效治疗。同时,医院利用互联网技术在线开展大规模的咨询服务,人们可通过线上进行远程问诊。这样不仅节约了远距离看病的时间和经济成本,而且降低了新冠病毒传播的可能性。

(3)交通方式

随着数字技术的快速发展,数字化给交通带来的最大改变是产生了新的交通供需关系架构。该架构不仅包括公共交通、步行、自驾及网约车等多种方式，而且包括多种方式的交互与推荐，形成了出行的平台性革新和升级。

过去受技术水平的限制，交通出行者的特征只能按公交出行群体、出租车出行群体等单一方式进行标签化处理。在一次出行链中，各种交通方式往往都是单段式服务，存在跨方式的服务"断链"情况，无法满足单体的出行偏好和习惯。以公交为例，过去乘客只能通过固定站点、运行线路、经停站点的"大一统"模式乘坐公交。

在数字经济下，数字技术逐步实现了各种出行方式的一体化，包括信息一体化、服务一体化、支付一体化等，打造了更精准、更便捷、更高效的出行方式。人们出行时只需要在 App 上输入出发地和目的地、希望到达目的地的时间，平台就会给出一个完整的解决方案，包括最适合的出发时间、交通工具、到达时间、支付金额等，这就真正为人们提供了"一体化、无断链"的出行体验。

（4）社交方式

通过网络技术，人与人之间可以实现线上精神文化交往，从而构建人与人之间的关系网络。社交网络提供了广泛的交流机会，提供了一种社会关系拓宽的新型交互空间，构建了新型社会关系。在多元价值观念的碰撞中，网友通过学习、沟通、交往和借鉴，达到相互理解与形成共识的目的。

目前有多种类型的社交网站，根据社交话题来分，主要包括以下几类：

①交友型社交网站，如抖音、QQ 空间、微博等用于日常生活交流、交友、交往的平台；

②消费型社交网站，如大众点评网、小红书，以餐饮、休闲、娱乐、生活服务等为主要话题；

③文化型社交网站，涉及书籍、音乐、影视等各方面文化，如网易云音乐、豆瓣网等。

总而言之，数字化生活应用领域越来越广泛，数字化生活方式正逐渐成为人们生活的一部分。

1.2 产业数字化的概念

人类社会在经历过农业革命、工业革命及信息革命后，新一轮科技革命和产业变革正在席卷全球。新一代数字技术的创新升级带来了生产力和生产关系的质的飞跃，促使人类对客观世界的认知与探索从现实空间向信息网络空间急速跳转，激发了传统产业持续向数字化转型的潜能，促进了新模式、新业态、新产业的全面变革，推动人类踏入了数字经济时代。

1.2.1 产业数字化的内涵

近年来，全球数字经济蓬勃发展，数字技术不断创新突破，产业数字化转型的意义、脉络及趋势日益清晰，逐步形成了针对网络化、信息化、智能化、数字化发展的提质增效及重塑核心竞争力的基础条件。对于产业数字化的定义，不同的国家有不同的理解。

（1）美国

美国的产业数字化主要是指通过将虚拟网络与实体连接形成更有效率的生产系统，同时借助软件、互联网等技术推动新一轮工业革命，利用网络和数据的力量不断提升制造业创造价值的能力。

（2）德国

德国的产业数字化充分体现在"工业 4.0"的实施中。其"工业 4.0"战略的核心是通过信息物理系统实现人、设备与产品之间的实时联通、相互识别及有效交流，构建高度灵活的数字化、网络化的智能制造模式。

（3）英国

《英国数字化战略》指出了英国产业数字化发展的重点，包括连接性、技能与包容性、数字化部门宏观经济、网络空间、数字化治理及数据经济七个方面的战略任务。

（4）日本

日本对产业数字化的理解体现在其提出的"社会5.0"中。"社会5.0"旨在通过人工智能、物联网和机器人等技术，以数据取代资本连接，并以数据的流通驱动万物，实现数字化对经济、社会、生活各个层面的渗透，催生新型价值体系，形成新的服务结构，最终实现虚拟与现实高度融合的"超智慧社会"的状态。

虽然不同的国家对产业数字化的定义各有侧重，但本质上都是利用新一代数字技术打通不同产业、不同行业、不同企业及不同层级之间的数据壁垒，实现更高效的业务流程、更完善的服务机制、更好的用户体验、更广阔的价值创造，从而改变产业原有的商业模式、组织结构、管理模式、决策模式、供应链协同模式及创新模式等，打造一种新兴的产业生态，实现产业协同发展，以及生产模式的转型与升级。也就是说，产业数字化是指利用新一代数字技术赋能传统产业，以数据为关键生产要素，实现产业链上中下游全要素的价值释放、生产模式升级和生产关系再造。

对于产业数字化内涵的理解，本节主要从核心力量、关键要素、价值纽带、重要载体、机制条件及终极目标六个角度进行阐述。

（1）数字技术创新是推动产业数字化转型的核心力量

大数据、云计算、人工智能、物联网、区块链、5G、VR/AR等新一代数字技术持续突破，逐步实现从单点创新向交叉创新转变，形成多技术群相互支撑、齐头并进的链式创新。数字技术不断从实验室走向大规模应用，为各个产业的蓬勃发展提供了支撑。利用数字技术创新生产、管理及服务等模式，提升工作、监管、交互等效率已经成为产业数字化的重要组成部分。

（2）数据是驱动产业数字化转型的关键要素

在数字经济时代，数据是经济发展依靠的关键生产要素。随着互联网技术的蓬勃发展，人与人、人与物、物与物的互联互通得以实现。数据量呈爆发式增长，奠定了数字经济发展、社会治理结构改善的雄厚基础。2019年，中共十九届四中全会从国家治理体系和治理能力现代化的高度，把数据与劳动、资本、土地、知识、技术及管理一并视为生产要素。数据资源逐渐成为国家和企业的重要战略资产，被视为"未来的新石油"。产业数字化离不开数据要素。一方面，数据要素驱动产业生产要素的共享网络、整合集约、开发协作的产生，引领了技术流、物质流、资金流、人才流的融合升级，影响产业协作的模式，促进生产组织架构的重构与创新；另一方面，数据已成为各企业的核心资产，并成为持续激发企业数字化转型、创新商业模式、提升核心价值的重要驱动力。

（3）信息网络成为释放产业数字化价值的纽带

各行业之间的人际交往与信息交流从传统的物理空间向虚拟空间的拓展、转变和延伸，本质上都是以网络为中心的。这意味着信息网络对数字化转型的成败有直接影响，已逐步成为企业与企业、企业与人之间沟通的管道。随着大数据、云计算、物联网和移动通信等技术的升级与创新，基于信息网络用户群体的立体化的交互特性逐步凸显，以信息内容为纽带、以网络架构为媒介的"信息、接收者、发布者"三位一体效应逐步呈现。信息网络成了释放产业数字化价值的重要纽带。

（4）服务平台是产业数字化转型的重要载体

服务平台为产业链上中下游各个企业的设计、生产、管理和服务方式提供了载体，帮助供应链、创新链、服务链等互联协同。企业基于数字化的服务平台，努力实现资源的不断累积、技术的不断创新、业务的不断升级和模式的不断迭代。一方面，产业数字化服务平台是企业实现数字化转型的"转化器"。当前，企业数字化转型的步伐加快，越来越多的企业在推动生产设备数字化改造和企业内网建设的同时，通过自建或租用服务平台的方式搭建了海量设备与业务应用的"桥梁"。服务平台正在重新定义和优化整个价值流程，实现企业内部数据采集、汇集、分析和决策，推动生产经验和知识模型的沉淀，加快生产流程优化和商业模式变化。另一方面，服务平台是产业数字化转型和产业协同发展的"助推器"。服务平台能使信息匹配更加精确、高效，信息互动反馈更快，同时通过数据融合共享、技术模块服务、业务场景应用，推动产业链上中下游资源整合，打造协同发展生态。

（5）数字善治是产业数字化转型的机制条件

政府部门以数字技术为媒介，可以建立高效、精准、透明的治理系统，汇聚多元的社会治理力量，打造城市社区治理的智慧化体系机制。同时，政府部门基于数据可采集、可计算、可存储、可应用的特征，能够帮助企业解决数字化转型过程中出现的问题及需求，促进企业之间的良性互动和相互包容，提升社会、产业、企业治理的效率与质量。

（6）打造数字生态是产业数字化转型的终极目标

在数字经济的大环境下，数字生态由政府、企业、消费者等利益相关方共同维护。数字生态是以数字化基础设施为抓手，以各方信息、物质、资金等要素流通的数据为载体，以数字技术驱动数据流通为媒介构建的经济系统。数字生态将传统生态中竞争排他的行为转化为利益共享、产业共生、角色共赢的行为，生态参与方利益相互交织，构成了以人为本、以服务为核心、以互利共赢为目的的价值共创模式。

1.2.2　产业数字化发展体系

产业数字化转型战略以基础设施建设和发展数字经济新管理制度为基石，以"数字技术—新经济模式—社会治理"为驱动力，最终实现未来产业发展的远景。在基础设施建设和数字经济新管理制度的支撑下，技术、经济、社会三股驱动力将共同推动传统产业向数字化转型。

◯ **产业数字化技术结构**

在产业数字化转型中，技术赋能主要分为物理层、平台层与数字层，如图1-1所示。

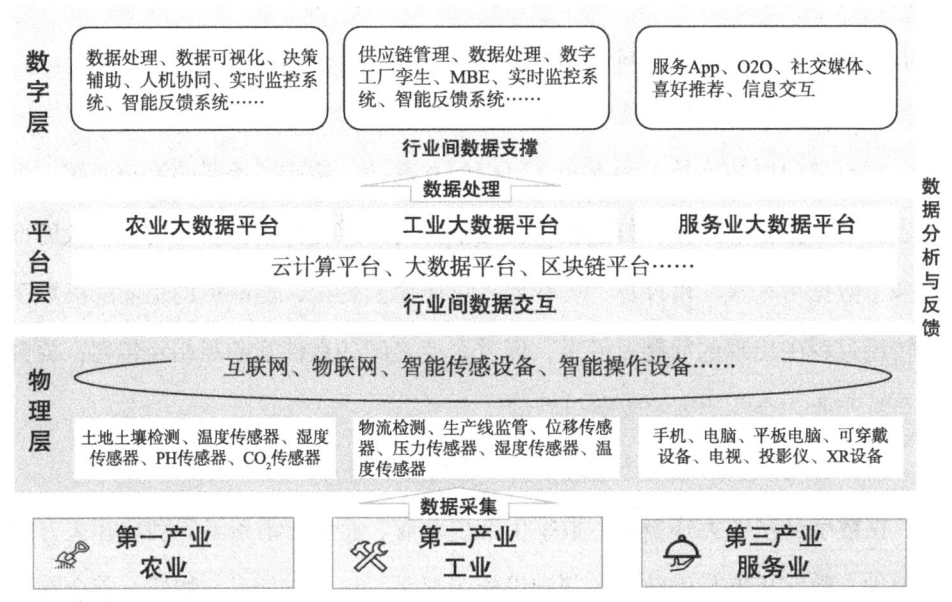

图1-1　产业数字化技术赋能架构

物理层主要由传感设备、网络设备和其他硬件基础设备构成，负责产业数字化过程中数据的采集处理与传输，其主要技术包括物联网、大数据等。

平台层主要由大数据平台和云计算平台构成，提供数据的存储、计算、处理功能。平台层围绕数字闭环、业务闭环等，搭建舆情监控平台、数据技能培训平台、社会治理平台及网络安全监测平台等，解决产业数字化转型过程中行业及企业发展的关键和共性问题。

数字层汇聚大量数据，是产业底层的物理层通过数字技术获取的数据在虚拟空间的映射，用于虚拟整个产业的生产过程。数字层主要提供行业之间的数据支持，包括数据资源的采集、清洗、存储、分析、流转和应用。

● 产业数字化经济模式

产业数字化转型的目的就是以数据为关键生产要素，以数字技术创新为核心驱动力，以信息网络为价值纽带，以服务平台为重要载体，催生新业态和新模式。

（1）新业态

从本质上说，产业数字化转型是一种战略更新行为，是以数字化核心企业为主导的战略更新。产业数字化转型是通过数字技术从源头到目的地传送数字内容的过程，通过对大数据、云计算、人工智能等先进数字技术的综合运用，实现全产业链的数字化革新，为企业数据分析与预测、企业战略与转型、产品服务信息化等方面提供技术支撑，进而在转型中掌握和利用好数字经济，在实践中不断创新推动数字经济发展，激发新业态，迸发蓬勃生机。

（2）新模式

数字化带来更加多元化的商业模式。数字技术与实体经济深度融合，颠覆与重塑了传统实体行业的价值创造模式。数字化模式下企业根据用户需求，不仅提高了产品质量，促进了市场环境良性循环，还能够更大限度地利用各生产要素实现价值创造。用户需求导向型的创造促使企业不断升级产品和服务，最终促进创新能力的提升。在数字经济背景下，企业开始重视用户需求，改善用户体验，构建以服务为核心的轻资产数字化转型。数字技术的深度应用降低了创新成本和风险，明确了企业的创新方向，实现了新型的跨地域、多元化、高效率的开放协同创新模式。

● 产业数字化社会治理

产业数字化的重点之一是社会治理数字化，而明确数据价值、加强人才支撑、走可持续发展道路是社会治理数字化转型的重中之重。

（1）数据价值

随着大数据的经济价值不断显现，数据流通的安全变得尤为重要，我国需要建立数据保护法律机制和权责明晰的安全机制。同时，为了促进数字经济的健康发展，政府和企业亟需解决在保护与尊重价值发现的前提下如何明确数据权属的问题。数据权属的界定具有区别于一般物权、知识产权和商业规则的特点，我们就是要基于数据匿名化处理技术，构建符合数据基本特征的权属体系，解决"可用不可信""可信不可用"的问题，达到"可用不可见""可信又可用"的目标。

（2）人才支撑

在产业数字化转型的大背景下，各行各业对数字化复合型人才的需求越来越强烈。数字化研究、数字化部署、数字化生产及数字化管理等各个环节都无法离开数字化人才的支持和把控。

（3）可持续发展

数字化转型为可持续发展带来了新机遇，只有满足可持续发展，才能发挥产业数字化转型的最大效益。数字化可持续发展包括数字化基础设施、数字化平台、数字化人才、数字化应用及数字化商业模式的可持续发展。

1.2.3 产业数字化助力数字经济发展

数字经济的特点之一就是基于新一代数字技术，孕育全新商业模式，对传统经济进行渗透补充和转型升级。数字经济不仅是数字手段与传统经济体系的融合，同时也是从经济架构底层实现的深刻变革，为国家的经济发展带来新的机遇。产业持续进行数字化转型是不断推动数字经济蓬勃发展的重要动力。

（1）产业数字化是驱动数字经济发展的主导力量

产业数字化代表了数字经济在实体经济中的融合与渗透，是经济数字化转型的关键组成部分。数字经济发展的趋势是数字化转型在各产业组织建设中的占比逐步提升。到2021年底，我国的数字经济及相关产业规模已经超过了40万亿元，其中产业数字化占比超过五成，成为驱动我国乃至全球数字经济发展的关键主导力量。

（2）产业数字化是提升数字经济发展效率的有效手段

新一代数字技术的应用强化了产业数字化的价值，实现了产业链中生产、物流、仓储、销售等各个环节的降本增效，提升了产业流程和决策机制的数字化能力，避免了数字经济活动中数据资源流通的障碍。同时，新一代数字技术的应用也实现了数字资源的共创、共治、共享，有效提高了社会经济运行效率、全要素生产效率、供需匹配效率。

（3）产业数字化孕育了数字经济新形势

随着数字技术的更新迭代，线上政务、掌上办事、网络购物及新型媒体等影响了人们的生活。同时，随着数据的地位逐步提升，数字技术不断创新产业生产、分配、交易等经济社会的各个环节，加快了关键核心技术的创新。各个企业不断提高创新成果的转化效率，形成了一批拥有新技术、新装备、新架构的新兴产业，打造了全新模式的数字经济。

（4）产业数字化主推数字经济价值重塑

"从数据中来，到实体中去"是发展数字经济的根本出发点与落脚点。数据作为新时代最有价值的资产之一，为各机构打通线上与线下的联系提供了有效的手段。一方面，数字技术将物理世界的多维信息进行线上化处理，形成海量数据。另一方面，数据分析处理的结果反哺到实体场景中就会释放数字红利，实现各方资源在数字经济中的价值重塑。

1.3 产业数字化转型的重要机遇

由于数字技术、数字模式、数字应用的不断升级，海量数据、基础设施等成为产业数字化发展的重要资源。同时，在国家的重点支持下，随着数字经济的蓬勃发展，作为数字经济发展的重要基石，产业数字化发展迎来了其重要机遇。

（1）以数据要素为核心的数字经济蓬勃发展

在数字经济时代，数据成为社会经济发展过程中关键的生产要素。数据要素价值的提升对于社会经济发展的重要性越来越突出，对数字经济发展的支撑作用越来越明显。数据正在潜移默化地改变人们的生产生活，如从出租车到网约车的变化、支付手段的数字化、远程办公、视频会议等。数字经济已全面渗入我国社会的方方面面，深刻影响并改变了我国整体的发展面貌和人们的日常生活。数字经济的快速发展会推动新老经济业态交替，挤压和冲击传统业态。因此，产业数字化转型是必经之路。2020年10月29日，中国共产党第十九届中央委员会第五次全体会议通过《中共中央关于制定国民经济和社会发展第十四个五年规划和二〇三五年远景目标的建议》（简称《建议》）。国家层面高度重视产业数字化的发展，强调推动全国产业数字化转型的步伐需要不断加快。《建议》中指出，发展数字经济需要推进数字产业化和产业数字化，推动数字经济和实体经济深度融合，打造具有国际竞争力的数字产业集群。

（2）数字科技为产业升级提供转型动力

随着科技的迅猛发展，人们在产业数字化转型的道路上加速前行。在产业数字化转型升级过程中，数字技术及平台起着至关重要的作用，不断推动数字能力、生活方式和商业模式的进化，改变传统落后的生产方式和管理模式。从生产方式来看，工业互联网、智能制造、云计算及大数据等数字技术改变了传统的工业网络、自动化技术、信息系统等生产参与方式。从管理方式来看，5G、物联网、人工智能等技术形成的感知及处理能力，重塑了生产者、决策者、消费者的认知体系和行为方式，实现了现实空间的劳动主体与虚拟空间的劳动主体相互映射并进行协同活动，进一步促进了产业数字化转型发展。

（3）"新基建"成为经济高质量发展的重要抓手

基础设施作为经济社会健康发展的基石，具有战略性、基础性和先导性作用。以数字型基础设施为代表的新型基础设施建设（简称"新基建"）拥有广阔的发展空间，并正在蓬勃兴起。"新基建"是创新驱动发展战略的重要基石，是产业数字化的基础和保障，有助于实现智慧产业化、产业智慧化的持续发展，为实现社会高质量发展提供强大的引擎。

①"新基建"助力智慧产业化

"新基建"作为数字经济、智能经济等的技术支撑，本身就具有巨大的投资吸引性，并且可以通过"新基建"相关数字技术的融合产业，创造新的产业和业态。以数据中心为例，数据中心的单位机架间接产出是直接产出的近20倍，如果数据中心与人工智能、5G技术相融合，将为区域数据需求带来更大的应用可能，甚至产出将扩大上百倍。

②"新基建"助力产业智慧化

新一代数字技术的升级与应用赋能传统产业的业务架构进行重组，使业务流程更加精细化、生产方式更加智能化、生产内容更加多样化，进而倒逼产业向绿色、低碳价值体系转型。此外，由于"新基建"中涉及很多关键核心技术，对"新基建"的关注就是对核心技术的关注；扩大"新基建"相关技术的研发创新，加大科研难题的重视程度，有助于提升科技创新能力。

（4）国资委明确加速国有企业数字化转型

2020年8月，国务院国资委正式印发《关于加快推进国有企业数字化转型工作的通知》，明确指出了国有企业数字化转型的意义、路径、方向，提出了国有企业数字化转型的重点与举措，积极引导国有企业在数字经济时代准确识变、科学应变、主动求变，开启了国有企业数字化转型的新篇章。国有企业在党和政府的指导下，发挥示范引领作用，加快构建创新发展格局。国有企业需提高认识，深刻理解数字化转型的重要意义；加强对标，着力夯实数字化转型基础；把握方向，加快推进产业数字化创新；技术赋能，全面推进产业数字化发展；突出重点，打造行业数字化转型示范样板；统筹部署，多措并举，确保转型工作顺利实施。

（5）经济由高速增长阶段向高质量发展阶段转变

我国经济从高速增长阶段向高质量发展阶段转变，主要受到以下两点因素的影响。

一是世界经济复苏前景不明。自金融危机以来，世界经济呈现"总量需求增长缓慢、经济结构深度调整"的状态，使大部分国家进行大规模的结构性改革和经济调整，导致我国的外部需求大幅萎缩。

二是我国的人口红利即将消失，资源及环境对经济发展的约束正在逐步增强。我国的经济增长结构正在发生历史性变化，过度依靠外部投资和需求的经济增长模式使我国资源及环境制约经济发展的影响越来越明显，生态环境压力在不断加大。

1.4 产业数字化转型迫在眉睫

当前，全球科技创新进入了空前的密集活跃期，新一轮科技革命和产业变革正在重塑全球创新版图及经济结构。各国纷纷进入了产业变革异常剧烈的时代，技术体系、产品体系及贸易体系都将被重构。面对国际国内的各项压力，我国产业数字化找准发展定位、实现重大突破，迫在眉睫。

1.4.1 经济增速放缓亟须动力

随着我国经济的发展，根据近几年的经济规模数据走向，可以看出我国经济的增速正在逐渐放缓。导致该现象的原因是复杂的、多方面的，主要归纳为三大类：一是客观规律使然，发展水平持续提高后优势减弱了，因而增速下降；二是随着世界经济和贸易增长总体放缓，我国经济增长也逐渐变缓；三是我国传统的体制机制对经济形成制约的原因。因此，通过加快深化改革，着力突破制约经济增长的潜在因素，加快经济模式转型，是下一步经济工作的重点。其中，传统产业数字化转型是促进我国经济增长的可靠手段之一。

（1）传统产业数字化转型是深化供给侧结构性改革的重要抓手

当前，我国经济运行的矛盾主要集中在供给侧。由于获取市场需求信息较慢，传统企业提供的产品和服务不能有效地满足用户的需求，使其产品、服务的市场价值难以充分体现，进而导致企业端的产能过剩和用户端的需求不足。因此，传统企业需要顺应供需升级趋势，利用数字技术对海量数据进行分析，获取最前端的市场需求，减少无效供给，提升企业产品和服务的质量及效率，促进市场经济实现资源的最优配置，从而推动和深化供给侧结构性改革。

（2）传统产业数字化转型是制造业高质量发展的重要途径

近几十年来，我国制造业始终保持着稳定发展，并取得了长足的进步。但是，多数企业仍处于较低的发展水平，在发展过程中面临着人力、土地及技术等多方面的压力，综合成本持续上升。制造业中传统产业占比超过80%，在改造提升方面具有巨大的潜力和市场空间。相关数据显示，一些传统产业通过实施智能制造试点示范项目后，生产效率平均提升了37.6%，运营成本平均降低了21.2%。由此可见，数字化不仅为传统企业带来了生产能力的提升，也带来了有效获利。

（3）传统产业数字化转型是数字经济发展壮大的重要支撑

我国发展数字经济的实践主要包括数字产业化和产业数字化两项内容。其中，产业数字化强调的是以数字手段赋能传统经济模式的升级改造，将数字技术运用到生产、服务、运营等产业链的各方面中，从而影响我国数字经济的整体走向，支撑了数字经济的有效发展。

1.4.2 中小企业亟须重塑企业价值

随着全球经济增长的放缓和我国劳动力成本优势的降低,我国传统产业面临的生产需求乏力、品牌效益模糊、竞争压力过大、产能严重过剩等问题突出。尤其是传统中小企业规模小、生产技术水平落后、产品科技含量较低,在发展过程中很容易被淘汰。为了更好地扎根市场,传统中小企业亟需寻求新的增长机会和模式。

(1)中小企业需提高数字化转型意识

中小企业需充分认识到数字化转型不仅是以科技手段赋能生产过程,而且是要形成生产要素的全面协同,打通企业内部的全数据链。因此,中小企业应加强对数字化转型成功案例的分析学习,确立数字化行动框架,提高数字化转型的内生动力和能力。

(2)中小企业需充分利用数字技术助力提质增效

中小企业可通过数字技术重塑自身业务体系架构,促进生产、运输、销售等环节的升级、优化;可利用人工智能技术提升产品生产制造过程的自动化和智能化水平,降低产品研发和制造成本,提高生产效率;可利用物联网技术实现供需灵活、弹性对接,从而降低运输、仓储、营销成本;可利用大数据分析技术实现个性化服务与精准营销,从而降低销售、服务环节的成本。

(3)中小企业需积极落实数字化人才储备

在数字化人才方面,中小企业需要着力解决数字创新人才紧缺的问题,增强引进数字化人才政策的执行力度和持续性,联合政、企、校共建中小企业数字化人才实训基地,促进数字技能人才培育体系的形成。

第 2 章

全球产业数字化转型路径探究

世界各国都在抢占科技革命和产业变革的先机，推动数字经济发展，提高经济增长的动能，加快数字化转型的进程。以美国、德国、日本为例，这些国家以政策为引领，聚焦数字技术发展，率先开展制造业等传统产业的数字化转型，推进实施国家产业数字化战略。

2.1 美国产业数字化转型路径

美国高度重视发展数字技术，掌握信息安全、大数据分析、物理信息系统等工业互联网核心技术，是世界上最早借助数字技术进行产业数字化转型的国家。制造业是社会经济的支撑产业，美国高度重视借助制造业数字化转型来提升全球经济的安全性，激发新的经济活力。美国制造业龙头企业数量多，整体实力雄厚，选用"市企"双向发展路径巩固高端制造业在经济发展全局中的核心地位，引领全球产业数字化转型。

（1）聚焦前沿技术赋能能力

美国把发展数字技术上升到国家战略层面。克林顿时期以信息基础设施建设和技术创新为主，于1993年制定了被称为"信息高速公路计划"的《国家信息基础设施计划》，对21世纪的工业体系影响深远。奥巴马时期以新技术推广应用为主，大力发展大数据、云计算、人工智能及5G等先进技术，并对其发展做出了系列的国家战略部署。例如，2012年发布的《大数据研究与发展计划》，2013年发布的《机器人技术路线图》，以及2016年制定的《国家人工智能研发战略计划》。特朗普时期以保持国际竞争领先地位为主，实施全面对抗战略，将5G、量子信息科学、人工智能和先进制造产业作为四大国家未来产业。2019年，特朗普签订《维护美国人工智能领导地位的行政命令》，加大美国在量子信息科学和人工智能领域的研发支出力度，确保其在前沿技术产业领域占据世界领先的地位。拜登时期以扩大数智领先优势为主，颁布了《2021年战略竞争法案》《2021年美国创新与竞争法案》等一系列竞争性法案，扩大美国在监控技术、生物技术、量子计算、半导体制造、5G和人工智能等数字领域的领先优势。2022年，拜登政府发布的《关键和新兴技术清单》新增了金融、核能、可再生能源发电和储存、定向能源和高超音速能力五大技术领域。

美国高度重视数字技术对传统产业的赋能作用，奥巴马时期便加大了医疗、新能源等领域的数字技术投资力度，如医疗电子、能源效率及智能电网等，奠定了美国在医疗、新能源等领域的全球领先地位。

（2）以高端制造业为引领

2016—2018年，美国先后发布了《智能制造振兴计划》和《美国先进制造业领导战略》，助力金融危机后的经济复苏，以先进制造业高质量发展带动经济增长，保障国家安全。美国在人才培养、机构和资金等方面给予了充足的政策支持，不断增强美国高端制造业的全球竞争能力和科技创新能力。在人才培养方面，2018年美国发布了《美国先进制造业领导战略》，提出优先发展STEM教育，拓展职业教育培训路径，为制造业发展提供充足的职业技能人才；2019年，美国开始重视培养世界新工科人才，成立新工科教育国际联盟。在机构支持方面，2020年美国发布了《国家制造业创新网络宪章》的修订版，确保美国高端制造业全球领先是构建创新网络的根本目的。在资金支持方面，2021年1月，拜登签署了"美国制造"行政命令，收紧政府采购规则，发展美国本土制造业，进一步提高了对政府采购产品的本土含量要求；同年11月，拜登签署了《基础设施投资和就业法案》，累计投资1.2万亿美元完善基础设施建设。

除了政策支撑，美国还发布了制造业数字化转型的具体计划，指出转型的重点及难点。例如，2017年，美国数字化制造与设计创新机构发布了《2018年战略投资计划》，提出了产品开发设计及系统工程、未来工厂、弹性供应链、制造业赛博安全四大焦点领域；2022年，美国能源部直属单位制造业网络安全创新研究院发布的《2022制造业网络安全路线图》中概述了未来五年美国制造业网络安全的广阔前景,并直接针对中小型制造商、大型制造商及为大型生产行业提供服务的原始设备制造商提出发展建议。

2.2 德国产业数字化转型路径

德国数字经济受到信息基础设施落后、城乡差距大、国民数字素养不高等因素的制约。多年以来,各界呼吁德国加快数字化转型,增加数字化设施建设项目投资。德国并非不重视产业数字化转型。作为欧盟数字化的先行者和引领者,德国制定了清晰的数字化转型战略和路线,同时以"工业4.0"为核心抓手。

(1)持续的国家战略和政策引导

为了指导国家智能化发展,德国在2014年出台了《数字纲要2014—2017》,以此为指引加大信息基础设施建设,缩小城乡数字鸿沟,促进数字经济发展,提高国民数字素养;印发了《数字化管理2020》,加强数字化管理,实现管理的公开化、共享化和平台化。2015年,德国发布了《数字化未来计划》,涉及"工业4.0"平台、数字议程、未来产业联盟、信息技术安全、数字技术及重新利用网络等12大支柱。2016年,德国出台了《数字化战略2025》,突出强调借助"工业4.0"加速德国生产制造现代化,推动传统产业转型升级。德国为贯彻落实数字化战略,发布了一系列更具体的战略举措。为了加强新型基础设施建设,德国在2018年发布了"建设数字化"战略,设立高达50亿欧元的特别基金,帮助中小学推进数字化建设。2019年更新的数字化战略明确提出了加强政府间数据管理、建设打击非法渔业的信息技术系统、搭建面向职业教育的数字资源交换平台等9项任务。2020年,德国发布了第五版《数字化实施战略》,包含现代化国家、社会数字化转型、数字化转型与创新、数字基础设施建设、数字能力五大板块。

（2）积极践行"工业4.0"，不断深化制造业应用

"工业4.0"分为智能工厂、智能生产和智能物流三大主题，以解决企业产品和生产制造环节的数字化问题为重点。2016年，法国未来工业联盟和德国"工业4.0"应用平台围绕职业培训、标准化、技术和测试设施、生产应用四大层面展开合作，发布了关于数字化工业生产的行动方案。2017年，意大利经济发展部与德国联邦经济和能源部就"工业4.0"展开合作，并举办柏林峰会，探讨交流工业生产应用领域的相关案例和经验。2019年，德国发布了《德国工业2030战略》，明确指出要提高德国工业在欧盟及世界范围内的竞争力，以更优惠的价格为企业提供能源，提高税制竞争力，增加工业产值。在制造业方面，德国高度重视提高自动化生产水平。截至2018年，德国通过网络将200多亿件机器设备连接到一起。预计到2030年，通过网络连接到一起的机器设备远超5000亿件。此外，德国在工业管理软件、自动控制、电子和机械等方面都具有较大的优势。

2.3 日本产业数字化转型路径

为了有效应对少子化、人口老龄化、劳动力人口骤缩及社会保障费增高等多重压力，日本尝试以第四次工业革命为契机，将高新技术、优秀人才和数据作为造就经济价值的原动力，推动产业、政府和整个社会的数字化进程，从"解决困难"上升到"价值创造"，打造超智能社会。

（1）以技术创新为切入点，打造超智能社会

为了抢占新一轮国际竞争制高点，日本制定了一系列与数字经济和技术创新有关的战略举措。2016年，日本发布了《第五期科学技术基本计划（2016—

2020）》，指出借助新一代数字技术加强物理世界与网络空间的融合，通过数据要素跨领域流通应用，催生新业态、新模式和新价值，并首次提出了构建深度融合的物理空间、网络空间及基于人工智能技术的"超智能社会"概念。超智能社会以供给个性化产品和服务为内核，涵盖制造、交通、能源、服务等行业，涉及理论创新、劳动力提供、商务和法律等内容。2019年，日本出台了《创新综合战略2019》，通过深刻分析过去一年日本经济发展面临的国内外形势，指出下一阶段亟须解决的问题，同时针对问题提出系列举措，加快建设超智能社会。为了进一步推进超智能社会，实现社会变革，2021年日本启动了科技创新"六五计划"。该计划包含"数字化转型""碳中和"和联合国的"可持续发展目标"等内容。其中，数字化转型注重发挥数字技术、行政干预的推动作用，碳中和以实现温室气体零排放为目标。

（2）以"互联工业"为突破口，形成独具特色的制造业发展"日本路径"

日本智能制造最受世界关注的是其机器人流水线，以传承工匠精神、追求"精益求精"为目标。自2017年起，日本经济产业省（简称"产经省"）大力推行"互联工业"战略。在产经省的推动下，日本成立了工业价值链促进会，并发布了促进互联工业价值链实施的战略框架，提出了新一代工业价值链参考架构，以该架构为抓手，推动制造业高质量发展。2018年，日本发布了《日本制造业白皮书》，明确提出制造业发展的战略目标是打造互联工业，通过系统技术、设备、人等相互连接创造新的经济附加值，以超智能社会为抓手，抢占产业升级创新和社会数字化转型的先机。2020年，新冠肺炎疫情对日本制造业的发展造成了剧烈的冲击，传统的企业管理、业务模式及工匠技术均遭遇挑战，过去建立的全球供应链、产业链体系也被阻断。在此背景下，日本突出强调要增强企业灵活应对环境急剧变化的自我变革能力，重构一个既高效又能保障经济安全的强韧性供应链体系，而数字技术对于企业动态能力的提高和韧性供应链的构建至关重要。因此，日本制定了制造业数字化转型战略，采取保障数字化人才供给、灵活运用5G等通信技术和强化工程链的设计力三大策略，力求通过制造业数字化转型更好地衔接供应链和工程链，构建全新的生产关系模式，释放经济新动能。2022年，日本进一步确定了《日本制造业白皮书》（2022年版），以保证经济安全为出发点，加强产品进出口管理，提升自身的供应链韧性，精准把控风险。此外，白皮书还指出要加速推进制造业数字化转型，高度重视电子化和脱碳化。

（3）瞄准数据治理，构建国际数据监督体系

日本重视监管数据交易平台规则等运行机制。2018年，日本总务省、公正交易委员会和产经省共同创办了关于数据交易平台环境整治的研究会，发布了《制定数字化平台经济规则的基本原则》，阻止少数巨型平台企业垄断市场，为中小企业公平竞争和创新发展打造良好的环境。在2019年的G20峰会上，日本表示自己作为主席国将瞄准数据治理，建立一个全新的国际数据监督体系，通过借鉴美国和欧盟路径整合出G20"大阪路径"。一直以来，日本都致力于担任制定数据治理政策的主导者。在2020年的世界经济论坛上，日本提出"基于信任的数据自由流动体系"概念，既要严格保护与国家安全、知识产权和个人隐私等有关的数据，又要促进交通、工业、医疗等非个人数据自由流通。

2.4 全球产业数字化转型战略启示

在新一代数字技术的推动下，全球加速迈进数字经济时代，越来越多的产业推动数字技术和实体经济深度融合，加快数字化转型，从而获得新的发展动力。当前，数字化转型依然由发达国家主导，根据本国特有的资源禀赋和产业特色推动制造业数字化转型，同时数据成为关键要素。

(1)推动大数据和人工智能等新一代数字技术创新发展

当前,大数据和人工智能等新一代数字技术已成为推动传统产业数字化转型的重要推手。为了夯实传统产业数字化转型的基础,世界各国相继出台了一系列政策,支持大数据和人工智能等核心技术的研发,同时成立专门机构做好战略统筹工作,加强政、产、研合作,保证政策统筹、科技驱动和人才驱动的同向发力。从整体来看,世界各国在大数据和人工智能等技术领域都形成了以战略引领、科技驱动、政策统筹和多方合作等为特点的协调推进机制。

(2)以制造业数字化转型为突破口

制造业是国民经济的支柱产业。当前国际经济形势复杂,新一轮信息革命在全球范围兴起,并且与制造业不断融合。为了巩固国际地位,构筑国家竞争优势,美、德、日等主要国家结合本国产业特色、要素禀赋和所处全球产业链环节,先后推出相关政策,着眼于制造业的不同细分领域,促进制造业数字化升级。近年来,在很多外部因素的冲击下,全球制造业产业链、供应链加以调整,众多国家和地区均希望通过加快数字化转型抢占未来全球产业发展的先机。

(3)加速组织架构优化和商业模式变革

新一代数字技术正在加速向制造业等各传统行业渗透,传统的市场边界和行业壁垒被打破,全球产业竞争格局相应发生改变。数字化转型成为新竞争格局下的核心战略,企业的研发、生产、管理及营销等业务流程和新一代数字技术深度融合,商业模式和组织形态得到重塑。商业模式和组织形态的变革将进一步激发企业创新主体的市场活力,影响全球产业的发展和竞争格局。

(4)培养数字化专业人才

人才是支撑数字化转型的第一资源,是国家发展的核心竞争力。世界各国都在积极探索数字化人才培养新模式,加强道德教育,提高公民素质,为数字化转型提供智库资源和智力保障。随着产业数字化的加速推进,世界各国将根据产业和科技发展需求，完善数字化人才培养体系，健全教育机制，借助政策保障数字化人才供给，加快推进传统产业数字化转型。

（5）培育新一代数字技术应用场景

当前，以 5G、区块链、大数据、人工智能等为代表的新一代数字技术加快发展，激发和培育与新一代数字技术特性高度契合，并且满足政府、企业和个人用户实际需要的多元应用场景至关重要；通过延伸和拓展应用场景的市场范围及边界，获取产业的新兴增长点，实现经济的可持续发展；以用户需求为导向，以场景应用为切入点，推动产业数字化转型，加快新技术、新模式、新产品的催生速度，创造更大的社会效益和经济效益。

第 3 章

我国产业数字化转型战略、模式与路径

随着数字技术的发展,"数字化"的概念广泛融入生产、生活中,对千行百业的赋能作用日益显著。为了抢占数字经济的全球制高点,各国纷纷推出了相关战略促进数字化转型。在此大环境下,我国重视并积极强化数字经济发展,多次指出"要加快数字经济发展,推动产业数字化转型",强调产业数字化是我国数字经济发展的驱动力量,并且根据国家发展情况及产业分布特点形成了具有自身特色的产业数字化转型战略、模式和路径。

3.1 我国产业数字化转型发展战略

数字化转型已成为我国经济发展的新引擎,并且是激发市场内需潜力和对冲经济下行压力的重要力量。产业数字化转型是我国数字化转型的重点之一,得到了各级政府的高度重视。

3.1.1 产业数字化与数字中国的渊源

在科技日新月异的时代,抢占数字化制高点就能够把握发展的主动权并赢得未来。近10年来,我国相继出台了《国家信息化发展战略纲要》《"十四五"国家信息化规划》等多个数字化发展相关的重大战略规划,多次强调"以建设数字中国为总目标"。建设数字中国是发展网络强国战略的重要路径,是抢抓信息革命机遇、构筑国家竞争优势、加快建成社会主义现代化强国的内在要求,是贯彻新发展理念、推动高质量发展的战略举措,是推动构建新发展格局、建设现代化经济体系的必由之路,是培育新发展动能、激发新发展活力、弥合数字鸿沟、加快推进国家治理体系和治理能力现代化、促进人的全面发展和社会全面进步的必然选择。

《国家信息化发展战略纲要》中强调需要将信息化贯穿我国现代化进程的始终,加快释放信息化发展的巨大潜能;以信息化驱动现代化,加快建设网络强国。作为规范和指导未来10年国家信息化发展的纲领性文件,《国家信息化发展战略纲要》明确了我国数字化建设的指导思想、战略目标和基本方针，是数字中国战略体系的重要组成部分。而且，《国家信息化发展战略纲要》中多次提到的"信息化"一词无疑为现在的"数字化"提供了最佳释义，其中提到的"加快推进信息化和工业化深度融合，推动农业现代化及服务业网络化转型"也成为"产业数字化"一词的重要来源。

2021年3月，我国正式发布了《中华人民共和国国民经济和社会发展第十四个五年规划和二〇三五年远景目标纲要》。其中第五篇"加快数字化发展，建设数字中国"提出了推动产业数字化转型。数字化转型逐渐成为我国产业发展的重要目标。

3.1.2 国家相继出台多项产业数字化政策

为了加快数字中国建设，我国围绕农业农村数字化、企业数字化、制造业数字化、数字化人才培养等领域，陆续颁布了多项涉及产业数字化的政策。

（1）农业农村数字化

2019年5月，中共中央办公厅、国务院办公厅发布的《数字乡村发展战略纲要》指出，推进农业数字化转型，促进新一代信息技术与种植业、种业、畜牧业、渔业、农产品加工业全面深度融合应用，打造科技农业、智慧农业、品牌农业。2019年12月，农业农村部、中央网络安全和信息化委员会办公室（简称"中央网信办"）发布的《数字农业农村发展规划（2019—2025年）》明确了数字农业农村发展的五项主要任务，包括数据资源体系建设、生产经营改造、管理服务转型、关键技术创新及重大工程建设等内容。除此之外，2020年5月，农业农村部发布的《2020年农业农村部网络安全和信息化工作要点》强调深入推进农业数字化转型，推动在乡村治理、农村集体资产管理、农产品质量安全、种植业、畜牧兽医、渔业渔政、种业、机械化、农田建设及农业农村服等方面的信息化。

（2）企业数字化

2020年5月，国家发展和改革委员会（简称"国家发改委"）启动"数字化转型伙伴行动"。该行动面向传统企业数字化转型面临的共性、特性问题，有针对性地提出解决方案及标准。而且，该行动积极探索数字技术应用创新和融合创新，形成了更多有创新性的共性技术解决方案及标准。2020年8月，国家发改委、中央网信办、工信部等部门联合发布的《关于加快推进国有企业数字化转型工作的通知》强调进一步突出重点，打造制造类、能源类、建筑类及服务类企业数字化转型示范样板。

（3）制造业数字化

我国颁布了《关于深化新一代信息技术与制造业融合发展的指导意见》《关于加快推动制造服务业高质量发展的意见》等多项政策。

2020年6月，中央全面深化改革委员会第十四次会议审议通过了《关于深化新一代信息技术与制造业融合发展的指导意见》。会议强调，加快推进新一代信息技术和制造业融合发展，要顺应新一轮科技革命和产业变革趋势，以供给侧结构性改革为主线，以智能制造为主攻方向，加快工业互联网创新发展，加快制造业生产方式和企业形态根本性变革，夯实融合发展的基础支撑，健全法律法规，提升制造业数字化、网络化、智能化发展水平。

2021年3月，国家发改委等多个部门联合出台了《关于加快推动制造服务业高质量发展的意见》。该意见聚焦重点环节和领域，从提升制造业创新能力、优化制造业供给质量、提高制造业生产效率、支撑制造业绿色发展、增强制造业发展活力及推动制造业供应链创新应用六个方面加快推动制造业数字化发展，引领制造业转型升级。

（4）数字化人才培养

2021年，人力资源和社会保障部（简称"人社部"）发布的《提升全民数字技能工作方案》从完善提升全民数字技能政策措施、加强技工院校数字技能类人才培养、加强数字技能职业技能培训、推进数字技能类人才评价工作、积极开展数字技能类职业技能竞赛、提升数字技能人才培养基础能力建设六个方面提出了具体的举措。此外，人社部还出台了《数字技术工程师培育项目实施办法》，部署实施数字技术工程师培育项目，颁布智能制造等10个国家职业标准，为数字技术人才培养提供了政策和依据，用于加强新职业培训工作，加快数字技术技能人才自主培养。

3.1.3 地方层面加强产业数字化战略引导

随着国家出台产业数字化的相关政策，地方层面也不断加强产业数字化战略引导，发布了多项产业数字化政策，逐渐形成了"三位一体"的政策布局。这些政策聚焦产业数字化，以数字基础设施为底座，以数字技术应用为支撑，以数据治理为动力，推动了数字政府、数字技术应用、数字基础设施建设、制造业数字化转型等方面的变革。

各省积极响应国家数字经济战略，立足于自身实际，着力推进产业数字化转型，建设定位清晰、各具特色、竞相发展的产业数字化格局，提出了产业数字化相关政策。以山东省、山西省、黑龙江省、福建省、辽宁省等为代表的多个省份发布了产业数字化发展的顶层政策，用于衔接上级部门并指导地方发展，其中均提到重点任务是"产业数字化转型"。部分省级数字经济战略文件如表3-1所示。

表3-1 部分省级数字经济战略文件一览

发布日期	省份	文件名称
2019.03	江西	《中共江西省委办公厅江西省人民政府办公厅关于印发江西省实施数字经济发展战略的意见》

（续表）

发布日期	省份	文件名称
2019.06	黑龙江	《"数字龙江"发展规划（2019—2025年）》
2019.07	山东	《山东省支持数字经济发展的意见》
2019.08	四川	《四川省人民政府关于加快推进数字经济发展的指导意见》
2019.08	山西	《山西省加快推进数字经济发展实施意见和若干政策》
2020.01	河北	《关于支持数字经济加快发展的若干政策》
2020.01	湖南	《湖南省数字经济发展规划（2020—2025年）》
2020.03	山东	《关于山东省数字基础设施建设的指导意见》
2020.04	河北	《河北省数字经济发展规划（2020—2025年）》
2020.04	江西	《江西省数字经济发展三年行动计划（2020—2022年）》
2020.05	江苏	《关于加快新型信息基础设施建设扩大信息消费的若干政策措施》
2020.05	陕西	《陕西省数字经济产业发展引导目录（2020版）》
2020.07	山西	《山西省数字产业2020年行动计划》
2020.09	甘肃	《甘肃省"上云用数赋智"行动方案（2020—2025年）》
2020.11	浙江	《浙江省数字赋能促进新业态新模式发展行动计划（2020—2022年）》
2020.12	浙江	《浙江省数字经济促进条例》
2020.12	辽宁	《数字辽宁发展规划（1.0版）》
2021.02	浙江	《浙江省数字化改革总体方案》

在国家及省级政府的指引之下，各城市依据本地经济和产业的发展情况，纷纷围绕数字经济发展、数字技术创新、数字应用落地等方面制定了适合当地发展所需的数字化转型政策，积极开展了产业数字化转型行动。部分市级数字经济战略文件如表3-2所示。

表3-2 部分市级数字经济战略文件一览

发布时间	所属省市	政策/文件相关内容
2020.01	山西太原	《太原市人民政府关于加快推进我市数字经济发展的实施意见》
2020.01	河北石家庄	《石家庄市数字经济发展规划（2020—2025）》
2020.04	广东广州	《广州市人民政府关于印发广州市加快打造数字经济创新引领型城市若干措施的通知》

(续表)

发布时间	所属省市	政策/文件相关内容
2020.04	山东青岛	《市属企业加快布局"新基建"实现数字化智能化转型升级三年行动计划（2020—2022年）》
2020.04	江苏南京	《南京市数字经济发展三年行动计划（2020—2022年）》
2020.07	江西南昌	《南昌市数字经济发展三年行动计划（2020—2022年）》
2020.07	湖北武汉	《武汉市突破性发展数字经济实施方案》
2020.07	福建福州	《2020年数字福州工作要点》
2020.09	北京	《北京市促进数字经济创新发展行动纲要（2020—2022年）》
2020.12	上海	《关于全面推进上海城市数字化转型的意见》
2021.01	广东深圳	《深圳市数字经济产业创新发展实施方案（2021—2023年）》
2021.01	四川成都	《成都市加快工业互联网发展支持政策》
2021.03	天津	《天津市促进数字经济发展行动方案（2019—2023年）》
2021.03	北京	《北京市"十四五"时期智慧城市发展行动纲要》

3.2 我国产业数字化转型模式初步形成

目前，我国产业数字化已经形成了以数字技术体系为关键支撑，以数字基础设施为重要抓手，以数据要素驱动为核心，上云、用数、赋智，对第一产业、第二产业、第三产业进行价值赋能的模式。该模式调动政府、社会、企业及市场资源合理配置，以核心业务场景数字化解决方案为杠杆，推动产品及产业实现业务优化、产品服务创新、业态转变，不断推动数字技术应用于第一产业、第二产业、第三产业，推动产业向数字化方向发展，打造更加完善的产业生态。

我国产业数字化战略模式分为七个部分，分别是发展定位和政策支持、数字基础设施、数字技术体系、保障机制、价值赋能、数据驱动及产业生态，如图3-1所示。这七个部分是一个有机整体，共同构成产业数字化转型模式。

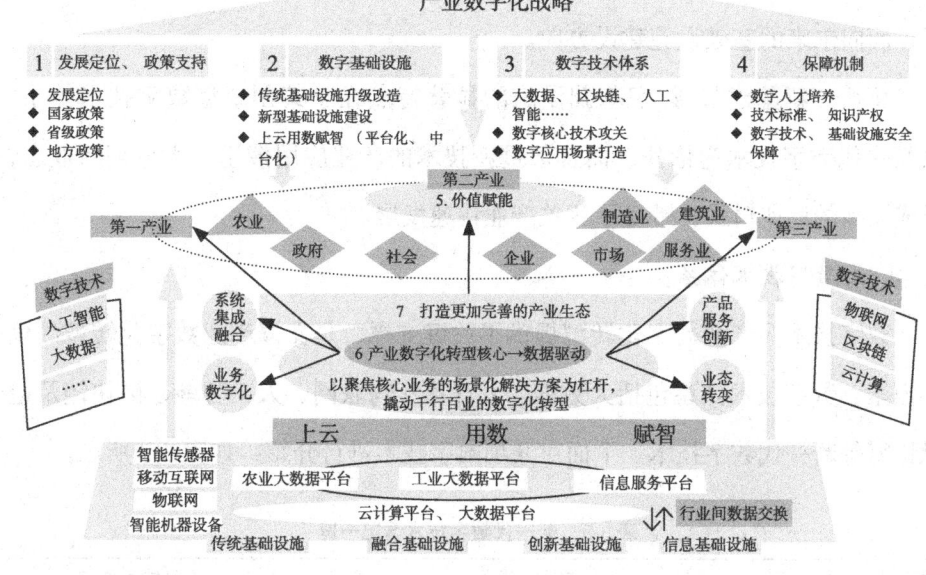

图 3-1 产业数字化转型模式

（1）发展定位和政策支持

产业数字化的发展定位和政策支持是我国产业数字化转型的指南针。产业数字化作为数字中国的重要部分，其发展定位坚定且明确。我国现有政策为产业数字化战略发展提供了支持，指明了转型的方向。

（2）数字基础设施

数字基础设施是产业数字化转型的重要抓手，为产业数字化转型提供数字化底座。数字基础设施包括两类，一类是传统基础设施的数字化改造，另一类是新型基础设施。其中，传统基础设施是指为生产部门和人民生活提供共同条件与公共服务的设施，包括交通、邮电、供水供电、商业服务、科研与技术服务、园林绿化、环境保护、文化教育、卫生事业等市政公用工程设施及公共生活服务设施。

随着社会的不断发展，数字信息成为生产生活的必备要素，不断催生新型基础设施。2020年4月，国家发改委首次明确了"新基建"的范围，包括信息基础设施、融合基础设施、创新基础设施三个方面。新型基础设施是立足当下、面向未来的基础设施建设方向。

相比"新基建",数字基础设施的显著特点在于其创新型数字技术体系,以新一代数字技术为依托,而且通过新技术的产业应用催生了大量创新业态,形成了新的商业模式,带动了相关产业快速发展。

（3）数字技术体系

数字技术为产业数字化转型提供了关键支撑,是支撑产业数字化转型的核心因素。数字技术体系包括大数据、云计算、物联网、人工智能、区块链及边缘计算等新一代数字技术。下面对几项数字技术进行介绍,如表3-3所示。

表3-3 新一代数字技术情况一览

数字技术	定义	核心技术内容
大数据	大数据是一种在获取、存储、管理、分析方面规模大到超出传统数据库软件工具能力范围的数据集合,具有海量的数据规模、快速的数据流转、多样的数据类型和价值密度低四大特征的技术	大数据采集、大数据预处理、大数据存储、大数据分析等
云计算	以数据为中心进行密集计算,融合了多种技术。其中,云计算平台的重要技术特点是资源的分散化、虚拟化和管理的集中化	虚拟化技术、分布式海量数据存储、海量数据管理技术、编程方式等
人工智能	人工智能是计算机科学的一个分支,它企图了解智能的实质,并生产出一种新的能以与人类智能相似的方式做出反应的智能机器。人工智能与分析强化了对数据的理解和学习能力,可以对海量数据加以分析,从而帮助企业进行合理决策	机器学习、知识图谱、自然语言处理、人机交互、计算机视觉、生物特征识别、AR/VR等
物联网	通过射频识别（RFID）、红外感应器、全球定位系统（GPS）、激光扫描器等信息传感设备,按约定的协议把任何物品与互联网连接起来,进行信息交换和通信,以实现智能化识别、定位、跟踪、监控和管理的一种网络	RFID技术、传感器技术、网络通信技术、嵌入式系统技术等
工业互联网	工业互联网是借助局域网、移动互联网、互联网等通信技术,将感知设备、控制逻辑模块、机器、人员和物品等通过新的方式连在一起,形成人与物、物与物相连,实现信息化、远程管理控制和智能化的网络,从而最大限度地提高机器效率及整个工作的吞吐量	传感器技术、微型化、低功耗与能量获取技术、信息与通信技术、计算机网络技术、工业组网技术、网络管理与系统运维技术、信息处理技术等

（续表）

数字技术	定义	核心技术内容
区块链	区块链是一种按照时间顺序将数据区块以链条的方式组合成特定数据结构，并以密码学方式保证的难以篡改和不可伪造的去中心化共享总账，其能够安全存储简单的、有先后关系的、能在系统内验证的数据	P2P 网络、智能合约、共识机制、加密算法、分布式账本等
5G	第五代移动通信技术，具有高速率、低时延和大连接的特点。5G 通信设施是实现人、机、物互联的网络基础设施	大规模天线阵列、非正交多址技术、全双工通信技术、新型调制技术、新型编码技术、高阶调制技术

（4）保障机制

数字保障机制包括标准建设、安全机制和人才培养机制。其中，产业数字化标准建设包括产业数字化过程数据采集、数据存贮、数据分析等数据处理相关标准，以及新一代数字技术应用于产业数字化的相关标准等的建设。我国现阶段数字技术相关标准的研制为数字技术在各行业的应用提供了参考，并成为数字技术的监管依据，为数字技术在各行业的健康应用及良性发展提供了保障。产业数字化安全机制既包括数字基础设施、数字技术的安全，也包括数字技术等在产品、应用中的安全。人才是产业数字化转型的关键因素，人才培养为产业数字化转型提供源源不断的动力。

（5）价值赋能

价值赋能既是产业数字化的结果，也是产业数字化的核心价值所在。产业数字化依托数字技术体系、基础设施，以数据驱动为核心，带动产业的网络化、数字化及智能化发展，推动系统集成融合、业务优化、产品服务创新及业态转变。

产业数字化的重要一环是价值赋能，体现产业数字化的价值和意义，带动生产方式、管理方式的变革。在产业数字化的过程中，政府、企业需要对行业、发展方向有一定的分析和洞察，选择适合产业/企业数字化转型的着力点，并发力实现相关业务数字化、产品/服务数字化、业态数字化，实现价值赋能。

业务数字化是对传统生产、交易、运输等环节与数字技术、数字知识深度融合进行优化，以获取规模化生产与交易的价值。产品/服务数字化是指利用数字技术快速部署已有产品/服务的数字化转型，对市场产品和服务链进行价值创造，实现价值增量。业态数字化是指在充分发挥数字基础设施的作用下，将单一的线性管理的业务关系转变为价值网络和价值生态，以信息数据流带动技术流、资金流、人才流及物资流，提高产业数字化能力，打造与生态合作伙伴共建的业务生态。

（6）数据驱动

数字经济时代催生了以大数据为代表的新型生产要素，产业的发展离不开海量数据的支撑。相对于传统生产要素的有限增长和供给，数据具有可复制、可共享、无限增长和供给的特性，可以通过连接物理世界和数字世界，驱动产业发展向数字化转型升级，进而实现持续增长和创新发展。数据驱动强调以数据作为关键生产要素，驱动产业数字化转型，其本质是采用数字技术完成数据采集、数据存储、数据分析和数据反馈等数据处理关键环节。

数据采集是进行数据处理的前提，采集到的数据的质量也成为数据价值挖掘的关键。目前，数据采集方法多是以 RFID 技术、传感器、爬虫或网站公开应用程序界面（Application Program Interface，API）、特定系统接口为主。

数据存储是指根据数据不同区域、类别、级别的要求，以某种格式记录在计算机内部或外部存储介质上。

数据分析是指利用统计分析方法对采集的数据进行智能化分析，对数据进行清洗、分类、理解及消化，以求最大化地发掘数据的价值。目前，常用的数据分析方法有聚类分析、因子分析、相关分析、对应分析、回归分析及方差分析等。

数据反馈是通过可视化手段为用户反馈易于感知的图形符号，让用户交互地理解数据背后的本质。常见的数据可视化的方法包括尺寸可视化、颜色可视化、图形可视化、空间可视化及概念可视化等。

（7）产业生态

产业数字化转型是在新一代数字技术的推动下完成新业态、新模式转型升级，实现对生产、流通、分配等经济活动的改造，进一步使数字化的研发、生产、交换及消费成为主流。传统的产业生态主要是产业链的上下游合作，包括产业链上中下游的供应链管理、客户管理等。产业数字化实现产业、企业之间的对接成本大幅度降低，不再是固化的产业链，而是产业、企业之间可以灵活对接的价值网络。产业数字化转型的最终目标是打造第一产业、第二产业、第三产业更加完善的产业生态，形成产业之间信息互通的价值网络。

3.3 我国积极探索产业数字化转型路径

在"十四五"时期经济增速放缓和要素成本提高的背景下，产业数字化转型将成为激活创新生态、提高生产效率和企业盈利水平的重要途经，是推动经济发展的质量变革、效率变革、动力变革的重要力量。各级政府、各行业企业积极探索符合自身发展的数字化转型方式，把握最合适的路径，为高质量发展注入新动能。

（1）聚焦制造业数字化转型政策支持

当前，我国经济社会发展越来越呈现出数字化特征，各产业正在进入以数字化生产力为主要标志的新阶段。其中，制造业是我国经济命脉所系，其数字化转型尤为重要，事关制造强国战略，与数字中国建设同频共振，得到政府的高度重视。

国家层面重视制造强国，以智能制造为重点，稳步推进产业数字化转型，加大智能制造政策支持力度。自2015年至今，我国制造业不断在进行转型与升级。2015年，国务院从国家层面确定了制造强国的总体战略及任务，提出推进信息化与工业化深度融合，研究制定智能制造发展战略、加快发展智能制造装备和产品、推进制造过程智能化、深化互联网在制造业的应用、加强互联网基础设施建设及打造智能制造工程。2021年3月，《中华人民共和国国民经济和社会发展第十四个五年规划和二〇三五年远景目标纲要》中提出深入实施智能制造和绿色制造工程，发展服务型制造新模式，推动制造业高端化、智能化及绿色化。我国坚持走工业化和信息化融合发展的道路，重视推动数字技术与制造业的结合，以技术驱动制造业步入深化应用，引领了制造业的发展方向，并成功带动了制造业产业发展。

（2）积极部署新一代信息基础设施

以大数据、人工智能、工业互联网及物联网等新兴技术为代表的数字化设施已成为我国"新基建"的重要组成部分。面对传统产业流程碎片化、纸质化发展的困境，搭建科技平台、共享服务平台等基础设施，通过流程连接组织中的各种业务，实现数字化带来的新的企业运营中台系统。系统连接生产、运输、销售和运营等环节，结合大数据、云计算、物联网技术实现对资源的连接，将海量数据渗透进入企业的全生命周期中；结合人工智能、虚拟现实等技术打造人机接口体系，为组织创新赋能，提升组织的运营效率，实现全要素生产率的提升。随着我国基础设施建设的不断加强，数字技术和科技理念与原有业态不断深入结合，拉长产业链，延伸其价值链和效益链，推动产业发展。

（3）加快建设数字技术高效供给体系

我国以新一代数字技术为支撑，对产业链上下游全要素进行数字化改造，推动传统产业实现高端化、智能化和绿色化转型。其实质是通过深度融合，以数字技术赋能产业发展。为了加快数字技术对产业数字化转型的推进，我国在数字技术的创新方面不断发力，包括创新基础理论研究、攻关关键核心技术和强化理论技术落地应用。在数字技术及基础理论研究创新方面，加强人工智能、大数据及云计算等数字技术的基础研究,培育建设一批优势特色学科和专业。在关键核心技术攻关方面,启动"卡脖子"技术攻关,推进数字技术原创性研发和融合性创新,组织实施一批重大科技攻关专项和示范应用工程。在理论技术落地应用方面,支持高校及企业建设高水平的、具有行业影响力的技术中心,将理论研究与技术创新落地应用,并根据应用情况打造科学基础设施及制定国际国内标准。

(4)着力解决数字化创新人才紧缺问题

数字化创新人才是产业数字化转型的重要动力源泉。我国在坚定不移地走数字化转型发展道路时,也需要采取相关措施同步培养大量数字化人才。当前,培育数字化创新人才的重点是要"弥补缺口"、强调"产才融合"、关注"复合人才"。我国要紧紧围绕自身数字经济发展的实际情况和产业布局,编制核心人才库和紧缺人才图谱;围绕产业链、创新链布局人才链,并深化校企及政企合作,激发行业协会、培训机构及咨询公司等第三方组织在数字化创新人才培育中的作用;要紧抓产业数字化、数字产业化风口,在实践历练中培育既具备本领域专业素质又掌握数字技能的复合型"数字工匠"。

第 4 章

产业数字化转型的技术驱动力

产业数字化转型有两大核心驱动力,一个是业务驱动力,另一个就是技术驱动力。在技术驱动力中,以大数据、云计算、人工智能、物联网、工业互联网、区块链及 5G 为主的新一代数字技术无疑是最大的看点。本章将对上述数字技术在数字经济与产业数字化中的价值及作用进行系统的论述。

4.1 大数据与云计算释放数据价值

随着数据时代的到来，互联网中的数据资源出现爆炸式增长，各行业希望创建前沿的分析业务，将规模巨大的数据中隐藏的价值挖掘出来，用于改善运行模式和发现新的商机。但是，各企业往往受限于自身硬件设备及计算能力，无法进行规模分析以达到它们的商业目的。针对数据价值的挖掘，各企业都有不同的需求。企业要想针对自身需求进行定制功能研发，并适应如今快速变化的市场大环境，就需要大量的计算资源、技术基础架构和高技能人员。

企业在分析海量数据时经常面临很多问题。一是数据种类繁多。随着搜索引擎、移动设备和工业机器人等不断革新，不同类型、不同结构的数据都被采集设备上传到网络，而传统的关系数据库等数据存储模式无法适配不同结构的数据。二是分析速度较慢。数据量的增加与数据种类的繁杂加大了分析的复杂性，对计算资源要求更高。三是数据价值密度低。虽然通过各种类型的数据采集设备得到了大量的数据，但这些数据的价值密度通常较低，往往都需要关联其历史相关数据并通过长时间的数据分析才能真正从这些数据中挖掘其隐藏的价值，而数据分析系统的造价极其昂贵且效率低下。

近年来，随着互联网技术不断更新迭代，数据处理技术不断发展成熟，大数据和云计算的运用越来越广泛。从互联网公司、各类统计分析机构到各种类型的实体产业，大数据、云计算技术为各行业深度挖掘并释放数据价值创造了条件，为产业数字化转型提供了技术支撑。

4.1.1 大数据助力数据深挖

大数据是指以容量大、类型多、存取速度快、应用价值高为主要特征的海量数据集。与传统的数据相比，大数据具有规模性、多样性、高速性和低价值密度的特点。大数据的生命周期分为四个阶段：大数据采集、大数据预处理、大数据存储及大数据分析。

大数据采集是指对各种来源的结构化和非结构化海量数据进行采集，主要包括以下三种：

（1）数据库采集，即利用 ETL 等软件实现分布式系统与传统数据库之间的数据传递；

（2）文件采集，包括实时文件采集和处理、增量采集和日志采集等；

（3）网络数据采集，借助网络爬虫或网站公开 API 等从网页获取非结构化或半结构化数据，并将其统一结构化为本地数据。

大数据预处理是指在进行数据分析之前，先对采集的原始数据进行清洗、填补、平滑、合并、规格化、一致性检验等一系列操作，旨在提高数据质量，为后期分析工作奠定基础。

大数据存储是指使用存储器，以数据库的形式存储采集数据的过程，包含三种典型方式：基于 MPP 架构的新型数据库集群、基于 Hadoop 的技术扩展和封装，以及大数据一体机。

大数据分析是指从可视化分析、数据挖掘算法、预测性分析等方面，对体量巨大且混乱无序的数据进行整理、归拢和分析的过程。其中，可视化分析是借助图形、表格等，高效、清晰地进行数据价值分析；数据挖掘算法是指通过构造数据分析模型对数据进行计算、分析，是大数据的理论核心；预测性分析则是通过结合多种高级分析功能（如统计分析、预测建模、文本分析、机器学习等），帮助用户分析各种类型数据中潜藏的特征、关系及可能的发展方向，然后运用这些分析结果进行未来趋势预测,为企业的下一步计划提供依据。

大数据技术通过对海量数据的收集、分类、处理和分析,能够充分挖掘数据的潜在价值。目前,大数据技术已经发展为一个覆盖范围广泛的技术体系,主要围绕数据存储、处理计算等基础技术,连同配套的数据治理、数据分析应用、数据安全流通等技术,共同实现数据价值深入挖掘。各企业面对大量的结构化、半结构化或非结构化数据,往往运用大数据进行数据价值的挖掘、发现与利用。

4.1.2 大数据与云计算共同实现数据深度分析

大数据充分体现了数字时代以数据为生产资料和劳动对象的特点,而云计算作为一种新型服务使数字时代的计算资源虚拟化,并以租赁的形式在市场中流通。这两种技术的结合为数据的深度挖掘提供了有力的技术支持和服务支撑,解决了各行各业在海量数据的采集、存储、处理、分析与应用等环节的难题,为产业数字化转型打下了坚实的基础。

(1)数据采集方面

由于数据体量巨大且来源分散,大数据通常采用分布式的采集方式。这就要求相关企业付出大量的人力、物力成本配置分布式的数据采集中心。而通过云计算技术,企业可以简单廉价地获得云数据采集中心,实时收集各地的应用数据并共享这些数据。

(2)数据存储、处理及分析方面

大数据对数据存储、计算能力的要求较高,需要耗费大量的存储和计算资源。随着企业业务开展时间的累积,数据存储量、数据处理复杂度将指数级增加,相应地对大数据系统的性能和扩展能力的要求也会越来越高。在这种情况下,由于云计算提供的是虚拟化资源,其拥有的良好的资源动态调配、容量弹性伸缩、资源按需使用等能力正好契合了大数据技术发展过程中对数据存储、处理及分析的需求。同时，云计算平台根据实际用户需求提供的软件即服务可集成部分通用、复杂、高效的数据分析服务，避免在大数据分析中重复开发相应的数据分析工具，进而提高大数据分析的效率。在数据总量指数级上升及对数据处理、分析效率要求越来越高的当下，大数据结合云计算技术显著降低了数据处理及分析的门槛，最大限度地发挥了二者的优势，助力各行业满足其挖掘数据潜在价值的需求。

（3）数据应用方面

企业对海量数据进行处理和分析，最终目的还是希望通过深度分析数据，挖掘有价值的信息服务与相应的大数据应用，拓展企业经营范围，提高经济效益。这些数据应用往往是面向用户的，用户数量大，用户需求差异明显。单一的大数据挖掘和应用技术往往不足以解决这些数据应用挑战，而以云计算为核心的大数据平台基于分布式、可扩展等特性可以支撑大数据应用服务对平台性能的高要求，从而解决大数据应用的难题。

4.2 人工智能推动产业智能化

人工智能是利用数字计算机或由数字计算机控制的机器模拟、延伸和扩展人类的智能，感知环境、获取知识并使用知识获得最佳结果的理论、方法、技术和应用系统。

随着人工智能技术不断突破，世界各国都十分看好其广阔的发展前景及其在带动社会生产方式变革方面所能产生的积极影响。通过不断加大政策倾斜及资金投入，世界各国积极推动人工智能技术与各产业相融合，不断寻求人工智能技术发展新突破、创造人工智能领域新应用，力图在新一轮科技革命中抢占优势。近年来，人工智能技术的创新应用使其成功赋能工业、农业、金融及交通等多个行业并产生深远的影响，变革社会生产模式，提高企业生产效率，带动产业结构转型升级，极大地推动了产业数字化、智能化发展的进程。

4.2.1　人工智能推动产业智能化升级的主要表现

人工智能技术在推动产业智能化升级上主要表现在以下三个方面。

（1）助力企业降本增效

将人工智能技术与企业的产品设计、生产加工、物流运输、仓储及营销等环节相结合，以智能化手段重构企业的生产经营模式，助力企业降本增效。

一方面，人工智能技术可以让企业在生产过程中实现材料自动化处理、流程自动化运转、数据智能化采集等，通过人和机器之间广泛、深入的协作，大幅减少人员参与，在降低人力成本的同时使整个生产系统更加可预测、更加灵活。

另一方面，通过人机协同重构企业的价值创造方式，结合智能化技术进行流程再造以代替原有低效的流程，提升流程效能，提高劳动生产率；利用智能生产、智能运输、智能调度、智能排期等智能化产品与解决方案支撑企业管理及决策，提升企业的决策效率及精准度，充分释放企业的竞争力。

（2）推动产业链结构优化

从多产业协同的角度来说，人工智能技术结合新型现代通信技术，依托数据存储、软件生产与芯片制造等领域，能够共同创造智能生态产业链。这种智能化的生态产业链将会不断渗透现代服务业、制造业及其他传统产业，扩大相关产业的生产规模，推动产业结构升级，实现经济稳步增长。

从需求分析的角度来说，海量的数据供应和强大的计算能力支撑使产业从被动式需求分析转化为主动式需求管理。企业能借助智能化的工具和手段深入洞察用户需求，通过聚焦用户的个性化需求提供智能推荐和精准服务。同时，企业对市场需求变化的洞察也将促使企业科学调整决策机制和管理机制,以此驱动以用户为中心的产业价值链体系不断优化。

（3）带动产业服务升级

人工智能技术不断发展完善,各类依托人工智能技术的产品不断涌现,智能化产品的信息处理及判断能力不断成熟,衍生的一系列各具特色竞争力的产业生态日益完善,带动新产品、新应用、新理念蓬勃发展。在企业生产相关服务方面,适配不同工作环境及工作内容的具有采集、分析、判断、执行等多功能的生产设备和系统陆续发展出来,智能化应用规模不断扩大,逐步实现向智能生产线、智能车间、智能工厂转变,催生匹配不同用户个性化需求的新模式、新业态,如大规模个性化定制、智能化生产等。

4.2.2　人工智能推动产业智能化升级的发展前景

新时期的产业发展亟须推进新一轮基础设施建设和技术变革,以驱动产业模式全面升级。人工智能技术通过与各行各业广泛结合,引导市场产生新需求、新模式、新效应,充分激发市场活力,刺激传统行业进行智能化改造,从而推动经济形态变革和社会生产力快速发展。在此过程中,智能化的应用和服务也分别展现了各自的发展趋势。

（1）智能化应用向多元化发展

目前,人工智能的应用仍较多地停留在单一场景、功能上,如人脸识别、声纹识别、动态监控等。随着人工智能技术的进一步发展和完善,智慧医疗、智能制造、智能导航等产业不断涌现,并引起了广泛的关注。越来越多的企业倾向于引进和应用能面向复杂场景、处理复杂问题的智能化设备或系统,人工智能进入复合应用新阶段,整体呈现多元化发展的趋势。

（2）智能服务线下线上融合

分布式计算平台的广泛应用为更高效、更快捷的线上服务带来了更多的可能性。智能分析平台、智能管理系统、智能监测系统等不断涌现，而且分析、判断的准确率不断提高，也为智能服务带来了新的途径或新的传播模式，加快了线上与线下服务的融合进程，促进了产业升级。

人工智能与产业各领域、各环节深度融合，为充分发挥基础数据潜能、挖掘数据价值提供了广阔的空间。以数据和知识作为底层支撑、人机协同的生产和服务方式逐渐成为主流，这种现象为以全面推进产业发展模式变革、实现跨界融合、打造异业联盟为增长动力的数字经济新生态提供了持续的技术积累和广泛的实践探索。人工智能将带动产业创新，引领产业向价值链高端迈进，进一步推动产业智能化升级迈入新阶段。

4.3 物联网助力产业数字化实现万物互联

物联网是一种通过信息传感设备按照事先制定的规则实现物品与互联网的交互，进行信息交换和通信，以达到对该物品的智能化识别、定位、管理、监控等一系列目的的信息交互网络。作为数据源头，物联网是产业数字化转型的底层基础，可以帮助企业降低运营成本，提高业务效率，进而助力企业创造新产品和新服务，提升用户体验。可以说，物联网是企业数字化转型的重要抓手，对于企业成功实现数字化转型至关重要。

物联网的核心技术包括射频识别技术、传感网、M2M[①] 系统等。射频识别技术由一个阅读器和多个应答器组成，每个应答器具有唯一扩展词条的电子编

---

① 即 Machine to Machine，机器对机器。

码,从而赋予物联网可跟踪的特性;传感网是由微传感器、微执行器、信号处理和控制电路等部件组成的一体化多功能微型器件系统,这个系统可以集成信息的提取、分析、执行等操作,能在很大程度上提高系统的自动化水平、自适应性和安全性;M2M系统是指人与机器连接的手段与方式,M2M技术通过综合数据采集、GPS、远程监控、通信等技术,实现机器、设备、应用处理过程与后台信息系统甚至操作者共享信息,实现业务流程的自动化。

基于物联网核心技术的不断发展,物联网能够满足在任何空间、任何时间的人员、设备、产品相互连通的要求。不局限于设备和传感器,任何具有IP地址的物体都可以连接到互联网。无线技术(如Wi-Fi、蓝牙和4G/5G等)为设备连接创造了更多的可能性。物联网使远程连接成为一种常态,为所有行业带来了很多好处。各组织不仅可以利用物联网进行资产管理,还可以进行创新应用。随着各种形式的物联网应用成功落地并取得优异的成绩,人们越来越清晰地意识到物联网本质上可以实现物理世界到数字世界的映射。物联网还能为本无生命的物体赋予生命属性,并将其纳入一个智能的体系。这就意味着我们能够在此基础上将人的协作能力更深入地扩展到物理世界中,通过智能化的联网设备收集更多的数据、创建更新颖的服务,更进一步地挖掘数据价值。

(1)物联网为企业提供价值数据

通过物联网实现万物互联后,数据产生、收集、处理、决策和应用才是物联网的核心价值点。随着不同类型、不同作用的传感器的广泛部署,以及物联网设备的大量应用,物联网基于海量数据产生的价值也越来越凸显。在物联网整体架构中,大数据分析和人工智能技术处于物联网架构的顶层数据处理中心。经过传感器等设备实现万物互联互通后进行广泛的数据采集,并经过上层数据分析模型进行处理,最终透过杂乱的数据形成科学有效的产品或服务,诞生很多新的商业模式及应用,才能实现物联网最核心的商业价值和意义。

(2)物联网为企业提供资产数字化连接交互

连接是物联网的基础。通过物联网连接企业内外的物理资产，可以实现对企业资源的沟通、整合、管理等一系列功能，保障资产价值高效流通，提高企业效益。同时，跨网络、跨地域的物理资产相互连通，传递信息，并与人进行互动，可以极大地推动新产品、新服务的诞生。目前，根据独特的行业应用场景和业务需求，以及终端产品的多样性，有多种有线或无线的设备连接方式可供选择。各项连通性标准和协议都有其特殊的价值与用途，只有将连通性添加到很多标准与技术并不相同的产品中，才能真正保障产品和服务的数字化连接交互。

(3)物联网为企业提供运营管理控制途径

按照平台的整体架构和功能应用，物联网平台从底层开始逐层向上，分别提供终端设备管理、连接运维、数据管理、基础应用及业务管理等功能，实现对底层终端和资产的深度管理、控制、运营，真正帮助企业了解生产经营情况，提高管理能力。同时，物联网平台可以通过开放式平台为第三方开发者提供物联网应用开发服务，对接第三方系统，有效聚合产业链中从原料、生产、加工、仓储到物流等各流程环节的资源，打造应用生态。另外，物联网平台还能通过集成人工智能、机器学习等技术，对采集的数据进行处理、分析、预测，为企业提供下一步的管理建设方向，指导企业更高效地发展。

(4)物联网推动企业的商业模式变革

随着商业竞争的不断加剧，企业要想在行业中处于领先地位，就需要将战略重点放在创新上。企业需要整合物联网技术、设备和软件的需求变化，收集有关产品的新需求、新变化或用户行为的数据，做出有利的未来业务发展决策。针对这种情况，物联网平台可以助力企业更大程度、更全面地收集相关数据，并借助智能设备跟踪、记录和学习用户的行为模式。除了产品和服务开发，导出的数据也有助于企业进行更有效的推广，了解目标受众的使用偏好，快速调整策略以满足用户需求。同时，物联网通过相应产品及产品产生的数据能够助力企业改变陈旧的经营模式，探寻额外的收入流。物联网能帮助企业提高业务体系的可见性，加强绩效管理，更好地控制关键产出，提高产品质量和服务水平。此外，通过分析数据获得有价值的洞察能够帮助企业更好地制定未来的发展战略。企业掌握的信息越完整、越全面，就越有可能创造性地解决问题。

4.4 工业互联网引领实体经济转型

工业互联网是新一代信息通信技术与制造业深度融合形成的关键基础设施、新型应用模式与产业生态，能够助力企业减少成本、提高生产效率，实现企业收益稳步上涨。工业互联网代表了未来技术与产业变革的趋势，将推动生产力实现质的飞跃，为世界经济增长提供新动能、开辟新道路、拓展新领域。

工业互联网是一个开放的、互联互通的平台，通过串联工业生产全生命周期中的人员、器械、生产线、仓库、物流及产品等，形成一张相互影响、紧密连接的生态网，所有参与方共享工业生命全流程的各种要素资源，使其数字化、网络化、自动化、智能化，从而实现效率提升和成本降低。工业互联网将信息技术、通信技术、操作技术等进行全面融合和升级，通过建立一个功能完备的系统，实现工业生产过程所有要素的泛在连接和整合，充分发挥工业数据的潜在价值。

在当前全球科技创新速度明显加快、各类新型产业蓬勃发展的背景下，工业互联网技术的不断突破也为各国经济模式变革注入了新动力，为促进全球产业数字化融合建设提供了新思路。在物联网、大数据、云计算等前沿科技不断赋能实体经济并与实体经济深度融合的情况下，工业互联网作为一种特定产业背景下的融合产物，将为实体经济转型升级及高质量发展做出重要的贡献，对实体经济产生多角度、深层次、全流程的重要影响。我国作为一个工业尤其是制造业的大国,更应重视工业互联网体系建设,促进实体经济数字化、智能化、融合化转型升级,以实现我国社会经济高质量发展,建设现代化经济体系。

(1) 工业互联网为实体经济转型提供底层支撑

数据是工业互联网的基础,工业互联网通过建设全流程、低时延、高可靠的网络体系,将人员、机器、系统等各种工业系统元素进行连接,打通数据流动管道,实现数据端到端流动、跨系统流动,为智能化发展提供坚实的数据底座。然后,在连接充分、数据流通的基础上,工业互联网还需进行数据集成、分析和建模,结合云计算、大数据等技术构建计算能力灵活控制、应用承载能力弹性扩展、支持数据深度分析、保证决策精准科学的平台体系,实现资源要素高效配置和行业运行效率全面提升。

(2) 工业互联网为实体经济转型提供全新驱动

首先,工业互联网通过对企业全生产要素的连接,对工业生产装备、原材料管理、生产执行与监控、物流管理等系统的网格化升级与建设,覆盖产品全生命周期和全供应链流程,极大地丰富了数据资源供给。

其次,工业互联网的发展需要具备良好数字素养的劳动力提供支撑。这将促使学校教育体系与企业实训体系改革,全面加强新型数字技能培训与应用,为全社会提供更多的数字化人才供给,为实体经济数字化转型注入新活力。

最后,工业互联网全方位赋能创新,促进创新资源高效聚集,优化生态化创新范式,将科学研究与产业化需求深入结合,加速全产业链创新突破与变革,为实体经济数字化转型提供了新思路。

(3) 工业互联网为实体经济转型提供发展方向

工业互联网对信息技术、通信技术、操作技术进行全面融合与升级,在进行行业渗透、带动企业变革、推动经济发展等方面卓有成效。因此,工业互联网在制造业等工业相关行业得到广泛应用,通过改变生产要素构成、投入产出比例、产业组织形态与生产关系等引发产业结构深刻变革。

一方面,推动数据驱动、智能优化的新工业范式加速普及,不断颠覆传统产品制造流程和思路、创新产业运营模式及生产组织方式,推动传统产业转型。

另一方面,积极开拓全流程智能监控、网络化协同、服务化拓展等新发展思路,加强新模式、新应用、新生态建设,延展产业价值链,助力产业实现更高层次的升级。

(4)工业互联网为实体经济转型提供推进动力

一方面,加大工业互联网等新型基础设施建设能够有效带动固定资产投资,助力经济稳步上行,同时引导各企业加强相关建设,拉动内需,促进我国相关市场发展;另一方面,工业互联网能够帮助企业提升产品与服务的附加值,延伸价值链,降低经营成本,助力产品、资金等要素快速流转,进而提升盈利能力。企业盈利能力的提升既有助于经济平稳运行和增加有效就业,还能不断扩大税基,涵养税源,带来税收的同步增长,助力国家经济发展,从而推动实体经济数字化转型持续发展、不断深入。

4.5 区块链营造产业数字化信任环境

当前的互联网主要提供信息交互服务,交互的对象是中心化服务器。而该服务器是否可信无法验证,具有较大的安全风险。同时,交互的所有数据资产和收益也归拥有该服务器的公司所有。区块链是通过分布式架构实现的,去掉了中心化服务器,信任来自算法和共识机制。区块链的价值主要体现在信任,通过技术手段保障数据可信、价值可信、协作可信。未来,所有技术将以服务的形式走进大众视野,区块链和互联网技术将相互融合以便于人们使用。基于区块链的互联网将以价值互联网的方式提供服务,保障数据完整可信,数据所有权及其带来的数据红利均归个人所有。人们可以依托区块链进行可信协作、可信数据交换、可信价值交换等。

4.5.1 区块链技术的特点

区块链主要分为公有链、私有链和联盟链。在公有链中，节点的加入是没有限制的，任何人都可以加入；私有链一般仅限企业内部成员使用，企业外部人员不可访问；联盟链则是带有一定准入门槛的区块链，只有经过联盟内部许可才能访问。由于联盟链在安全和性能方面效果相对较好，因此在当前的商业应用场景下，企业一般选择联盟链的方式构建产业生态联盟。

区块链具备以下几大特性。

（1）去中心化

区块链通过分布式账本进行数据存储，所有节点共同进行维护，任意节点的权利和义务都是相等的。

（2）信息难以篡改

一旦某个区块成功经过多方验证并添加到区块链上，那么这个区块的信息就无法再被修改了。除非控制住整个区块链中的绝大部分节点，否则仅凭单一或小部分节点无法实现对账本数据的修改，因此保障了区块链上数据的高稳定性和高可靠性。

（3）集体维护

区块链的每一个节点在参与记录的同时也验证了其他节点记录结果的正确性，所有节点都可以通过公开的接口查询区块链数据和开发相关应用。因此，维护利用效率提高，经营成本显著降低。

同时，为了保证系统安全，区块链中可加入可验证计算技术，保证数据不可伪造性、能够验证计算的有效性、不涉及可信第三方初始化的过程。而且，链上可通过安全多方计算、同态加密算法、zk-SNARK等隐私保护算法及协议，实现真正的隐私计算和对数据的隐私保护。

4.5.2 区块链实现资源整合，打造可信环境

区块链技术的集成应用价值在如今的数字技术发展和产业数字化转型中具有举足轻重的作用。整合以往的数字化系统资源，在此基础上通过区块链开源的准入机制将产业中各业务主体串联起来，可以打破数据孤岛，建立可信任的、安全可靠的、数据互联互通的数字化平台。区块链作为一种分布式账本，它以去中心化、难以篡改、可溯源等特点打造信任环境，提高业务生态的透明度，减少业务生态系统之间的摩擦，从而降低交易及运维成本，提高管理效率，增强产业链各业务主体之间的协同能力。因此，区块链不仅可以整合现有的数字化资源，而且可以构造可信的数字化经济环境，为各行业数字化转型提供有力支持。

区块链以其独特的技术属性重塑数据这个生产要素，通过分布式架构、加密算法、共识机制、P2P网络及智能合约等营造新的产业信任环境，从数据共享、产业链协同、信用体系建设三个方面赋能产业数字化转型。

（1）区块链保障数据共享

当人类进入数据驱动的社会时，数据在每个人的手中没有价值。流通的数据才具备商业属性，数据只有通过共享才能产生价值。然而，传统的数据共享手段和技术总是无法兼顾对数据隐私的保护，存在数据暴露、复制、传播的风险，并且无法进行数据确权与责任追溯，容易产生巨大的损失。在这样的情况下，区块链应运而生。区块链通过其独特的分布式账本进行数据存储，同时结合隐私保护算法、数据加密、资源访问控制机制等，在保障数据隐私、实现数据共享的同时，保证数据全流程可追溯、可确权，解决了数据共享与数据保护之间的天然矛盾。

（2）区块链助力产业链协同

千百年来，中心化的社会生产关系、权力分配制度与经济建设体制始终占据主流。而区块链技术可以使人类社会经济组织形态实现从单一中心化的垂直信任关系向多中心化的分布式信任关系转变。这种多中心化的分布式信任关系将无限扩张人类的信任空间，促进企业相互合作，推动产业链协同治理，提高资金流转效率，进而扩展经济交易规模。

（3）区块链实现信用体系建设

如今的人类社会正在逐步实现万物互联，而这只是现代化社会发展的开端。人类社会终将会演进到万物智能连接、万物信任连接的时代。区块链技术就是形成这种社会形态，构建平台经济、共享经济和数字经济的重要底层技术之一，其难以篡改的特性从根本上改变了中心化的信用创建方式，凭借代码以最低成本构建信用体系，用机器信任代替传统的人为信任。区块链应用现有技术进行创新组合，带领人类从制度信任时代逐步过渡到机器信任时代，为平台经济与共享经济创造了创新的路径，也推动了社会经济形态向数字化转型。

4.6 5G构建开放融合的智能化网络

全球经济不断发展，呈现信息化、数字化、智能化的趋势。大多数行业在该形势下被重新定义，导致在以传统经济为基础的第一经济之上，逐渐形成了以网络通信为基础设施的第二经济。面对第二经济规模的急剧扩张，新模式、新服务、新业态不断涌现，导致移动数据业务流量出现爆炸式增长，4G难以满足社会需求，5G就是在这样的背景下产生了。

（1）5G技术及其特点

5G是新一代移动通信技术，是助力人员、设备、物品等相互连通的网络基础设施。当前,各个国家纷纷聚焦 5G,以 5G 为数字化抓手,满足任何时间及任何地点的人员、设备、物品随时通过无线接入方式接入网络的诉求。

5G 具有三大技术特点。

第一,超大连接。理论上,5G 可以为世界的每一粒沙子提供网络连接,从网络地址承载方面实现万物互联。

第二,超大速率。5G 通过超大速率或超大带宽实现海量数据的传输。

第三,超低时延。5G 通过超低时延实现实时交互,从而形成一个闭环系统。

5G 以其三大技术特点实现万物互联、海量传输及实时交互,打通了产业数字化全流程环节的信息流,满足海量数据传输的需求,在多个领域产生了颠覆性影响。

与 4G 相比,5G 的端到端时延大幅降低,网络传输速度加快,设备连接数量增加,移动稳定性大大提高,组网策略更加灵活。在应用场景方面,5G 催生了全新的应用场景。超高可靠、低时延类通信场景将使移动医疗、自动驾驶、工业 4.0 等应用变为现实,而大规模机器类通信场景将广泛服务于智慧城市、智慧家居等,让智能化社会成为可能。

(2)5G 带来行业变革

5G 的设计初衷是支持多样化的频谱和网络部署。通过不同网络部署模式的组合,可以满足如在线教育、智慧交通、智慧工厂、海量物联网等多样化的场景需求。同时,5G 可用频谱资源包括低频、中频和高频段,各企业在进行 5G 部署时可实现频谱资源的充分利用。低频和中频段能够保障网络覆盖范围、容量和性能之间的平衡;而高频毫米波频段能够保障众多家庭、团体、组织、企业的网络连接性能,提供更高速率、更大带宽、更低时延,充分发挥 5G 的优势。这将使产业数字化发展不再受限于网速、时延等客观条件,能够方便快捷地实现互联互通,进一步提高效率,推动行业变革,加快智能化网络发展。

（3）5G 推动企业智能化创新

"5G + 人工智能"赋能全新应用，使整个系统的计算能力在云端、终端和边缘系统中以最快捷、最高效的方式重新分配，为智能互联世界提供网络层面的可靠支撑。目前，人工智能主要部署在云端。但是，随着 5G 的应用，性能、安全性和隐私保护力度都得到了大幅提升，人工智能得以逐渐向终端迁移，内容和控制处理转移到数据产生和聚集的地方。5G 正以极具颠覆性的方式积极推动企业的创新。由于 5G 的高性能，企业在数字化转型过程中可以直接在本地网络对通过智能设备收集、生成的海量数据进行实时分析。这样极大地提高了数据分析、处理、价值转化的效率，提升了企业的自动化和控制水平。

（4）5G 催生新兴需求和服务

5G 作为网络基础设施，是贯穿各类产业数字化发展历程、起着加速和推动作用的重要引擎，它催生了许多新兴的需求和服务。"5G + 新型信息通信技术"可以通过 5G 提高数据收集的速度，融合云计算、大数据、区块链等产生更多对实时性有高要求的数据分析领域的新应用和新服务。"5G + 产业数字化"可以深入工业、农业、医疗、教育、交通及物流等产业，重塑传统产业的发展模式，推动各产业加快数字化、网络化、智能化。此外，5G 还可以带动新型的信息消费，一方面带动 AR、VR、无人机、智能网联汽车等新兴消费产品的消费，另一方面提升线上医疗、在线教育等信息服务的服务体验。未来，信息产品和信息服务之间的界限将逐渐模糊，衍生更多新的信息服务形态，助力形成开放融合的智能化网络。

5G 作为底层通信技术，其数据承载量增大、网络传输速度加快及时延降低等特点，使其与各产业能够加速融合，从而构建开放、融合的智能化网络。5G 带来的数字技术发展将使产业组织体系和产业系统的商业模式发生深刻变化，并通过信息流驱动技术流、资金流、人才流、物资流进一步流通，优化产业资源配置，进而重塑整个产业体系，加速产业数字化。

第5章

新基建构筑产业数字化转型底座

2020年4月20日，国家发改委创新和高技术发展司司长伍浩在新闻发布会上表示，"新基建"包括信息基础设施、融合基础设施和创新基础设施三个方面。由此可见，"新基建"将会构建支撑我国经济新动能的基础网络，给我国的新经济带来巨大的加速度。同时，我国在新型基础设施建设上的大力投入也为产业数字化转型奠定了坚实的基础。

5.1 信息基础设施

社会的变革归结起来是生产力与生产关系的变化。数字化将催生新的生产关系，数字化将是未来经济的本源。借助互联网的不断更新迭代，人类社会从物理世界向数字世界迁徙的脚步不断加快，从纸质报纸到新闻网站代表新闻媒体从物理世界向数字世界的迁徙，从传统商城到电商平台代表商业从物理世界向数字世界的迁徙，从面对面沟通到社交软件代表社交从物理世界向数字世界的迁徙，从纸质凭证到数字资产代表资产从物理世界向数字世界的迁徙。

可以看出，现在及未来的世界将是一个数字的世界，万物都会转化为以数据和信息的形式存在。因此，我国将信息基础设施建设纳入新型基础设施建设规划，大力推动信息基础设施建设，以承载未来数字世界的发展。将信息基础设施与传统产业相结合，能够促进传统产业的发展，使各产业的资产配置更加合理且高效，降低市场风险，推动产业数字化转型。

信息基础设施主要分为三类：一是通信网络基础设施，主要包括5G、物联网、工业互联网及卫星互联网等，为构建数字世界提供重要的载体和基础；二是新技术基础设施，主要包括人工智能、云计算、区块链等，为数字世界提供处理数据的能力；三是算力基础设施，主要包括数据中心、智能计算中心等，为数字世界提供能够满足海量数据处理需求的算力。

5.1.1 通信网络基础设施

通信网络基础设施建设是信息基础设施建设中最关键的第一步。通信网络基础设施是数字世界网络通信的根基，也是产业数字化中数据采集及传输的重要基础设施。以 5G、物联网、卫星互联网为代表的通信网络基础设施将加快物理世界中实物的数字化，是实现产业数字化的关键。

各类通信网络基础设施的建设和不断发展为我国各行各业的产业数字化转型奠定了坚实的基础。在数字时代要保障基础通信的畅通无阻，不断追求通信网络更快、更稳定，推动各行业逐渐形成共建、共治、共享的治理格局，最终以产业数字化转型及产、城、人融合发展模式驱动数字经济社会建设。

（1）5G 基础设施

5G 基础设施有两个选项：独立组网和非独立组网。独立组网是指不依赖长期演进（Long Term Evolution，LTE）网络的 5G 网络，只有 5G 基站，没有 4G 基站与 5G 基站的混合组网。非独立组网则部分依赖现有的 4G LTE 基础设施，同时结合了 5G 相关技术。非独立组网具有 5G RAN 和 5G NR 接口，与现有 LTE 基础设施和核心网络协同工作。5G 基站作为宏站，与现有的 LTE 基站共站部署；或者 5G 基站作为微站，与现有的 LTE 基站共站或非共站部署。

出于尽量减少初期投资的考虑，网络运营商大部分采用从非独立组网逐步过渡到独立组网的方案。使用非独立组网，运营商可以先为用户提供类似 5G 的体验，然后逐步构建 5G 网络所需的物理基础设施，满足大数据时代的海量数据传输需求，保障产业数字化进程顺利推进。

（2）物联网基础设施

物联网基础设施主要由六个关键部分组成，分别是物联网网络、物联网通信总线、分析和聚合平台、可视化平台、物联网平台网络及管理和控制系统。

物联网网络连接着传感器和执行器。传感器是测量湿度、运动、温度和压力等因素的设备，而执行器是控制或采取行动的设备，如控制器、机械臂或无人机等。由于物联网网络通常采用无线网络，因此传感器和执行器可以通过不同网络或同一网络运行。物联网通信总线是物联网将网络连接到数据聚合平台的总线。企业通常选用公共总线管理和保护物联网流量，避免建立多个不同连接。分析和聚合平台负责汇集传感器和执行器传来的数据，并在边缘计算设备、云平台或独立平台上进行数据分析。可视化平台通常基于云，包括一系列可视化、数据管理和数据分析工具，进一步对数据进行分析，得出更直观的分析结果。物联网平台网络将分析和聚合平台与可视化平台相连接。管理和控制系统则为企业技术人员提供物联网组件与网络平台之间的交互视图，增强物联网相关平台的可用性。

（3）卫星互联网基础设施

卫星互联网是一个以卫星通信系统为基础、具有广播功能、以 IP 网络为服务平台、以互联网应用为服务对象的能够独立运行的网络系统。针对传统地面网络存在的网络范围受客观情况影响、难以对高速移动用户进行服务支撑、网络信号易受自然灾害影响等问题，卫星互联网充分利用卫星通信全面覆盖、承载能力强、不受地理条件影响等特点，作为地面网络的补充，帮助用户更好地解决特殊情况下的联网问题，为海上、空中等用户提供便捷、实用、高效的互联网服务。

卫星互联网产业主要包含卫星制造、卫星发射、地面设备、卫星运营及服务四大环节。其中，卫星制造包括天线分系统、转发器分系统及其他金属或非金属材料和电子元器件等的制造，卫星发射主要包括发射服务和火箭研制。相比地面通信网络，卫星互联网设施受物理攻击及自然灾害的影响小，能够提供更高效、更可靠的数据传输服务。而且，因为小卫星的开发成本低，卫星互联网可用合理的成本进行大规模网络数据传输，是未来提供通信服务、构建数字世界的重要基础设施。

5.1.2　新技术基础设施

新技术基础设施是保障未来数字世界能够处理、分析、挖掘数据的重要基础设施。与通信网络基础设施不同，新技术基础设施侧重于数据的进一步处理，对杂乱无章的数据进行梳理，将数据转变为信息，将信息转变为知识，再将知识转变为智慧，使数据发挥潜在价值。

以人工智能、云计算、区块链等为代表的新技术基础设施能够帮助企业从海量数据中根据市场需求及自身定位精准提取数据并进行科学分析，帮助企业创新生产方式、提高生产效率、寻求合适的转型路线。在当今的数字经济社会中，居民消费需求呈现多元化、差异化的发展趋势，企业发展也应顺应居民消费趋势的变化，通过有效整合市场信息和市场资源，根据市场需求进行产业结构升级，实现传统产业和产业链协同改造。企业运用新技术基础设施，能够实现对市场的有效把握，进一步推动整个产业的数字化转型。

（1）人工智能基础设施

人工智能基础设施是指将各类传统物理设备与人工智能技术相结合所产生的设备，如智能芯片、智能传感器等。智能芯片是指使用人工智能算法实现特殊加速功能的芯片。根据机器学习算法步骤，智能芯片可以分为训练芯片和推断芯片。各类芯片各具优势，可根据不同领域进行组合应用，实现多技术路径并行发展，广泛应用于金融、零售、安防、早教及无人驾驶领域。智能传感器是指能够进行信息处理的传感器，具有数据采集精细度高、数据可靠性高、成本较低且功能较完善等优点。根据结构不同，智能传感器可分为模块式传感器、集成式传感器及混合传感器。目前，智能传感器的信息感知、信息处理、网络通信等方面不断成熟，在各个领域都发挥着重要作用。

（2）云计算基础设施

云计算基础设施主要是指内部系统和云之间的硬件组件，包括多插槽、多核服务器、持久存储设备和超大规模的局域网设备,是实现云计算部署的重要部分。云计算基础设施架构通常不使用存储在区域网络上的共享磁盘阵列,而是使用本地存储设备,如固态硬盘和机械硬盘,使用为特定存储方案设计的分布式文件系统(如对象、大数据或块)聚合每个系统中的磁盘。它还可以通过逐步增加具有必需数量和类型的本地磁盘的计算节点,帮助云提供商将容量与用户工作负载相匹配,以便更好地配合用户开展工作,增强使用体验。

(3)区块链基础设施

区块链基础设施分为通用基础设施和专用基础设施。通用基础设施是指区块链和传统互联网服务使用过程中普遍需要的软硬件资源,具有通用性,如通信网络、云平台等。专用基础设施是指区块链所特需的软硬件资源,如可信基础链、区块链服务网络等。

可信基础链是围绕新技术、新业态着力构建的区域网络与应用产业链一体化平台。平台建设包含方案生成、技术选型、项目实施及运维宣传等一系列步骤。该平台为企业或组织提供区块链个性化搭建、链上信息综合管理、区块链隐私保护、区块链可信资产追踪等服务,实现区块链安全可信校验、全链资源可追溯等。区块链服务网络是一个整合相关区块链技术及已有网络资源和数据中心进行研发、部署的,跨公网、跨地域、跨机构的全国性区块链服务基础设施平台。作为跨行业协作的基础服务设施,区块链服务网络具有安全可控可监管、完全自主创新、开放包容可持续等特点。

区块链基础设施建设能够有效推动区块链行业创新研究成果的技术转化、成果应用及产业布局,服务新型智慧城市、数字经济的建设发展。

5.1.3 算力基础设施

算力基础设施为数字世界提供能够满足数据处理需求的算力。当前,随着大数据、5G、人工智能及物联网等技术飞速发展而衍生的新兴产业的快速崛起，社会数字化水平和产业模式变革也突飞猛进。这使整体社会层面出现了数据量急剧增加，以及对数据资源存储、处理、分析的需求急剧上涨的现象。数字经济进入新发展阶段，算力成为核心资源之一。《2020全球计算力指数评估报告》显示，算力与经济增长紧密相关，算力指数平均每提高1个百分点，数字经济和GDP将分别增长3.3‰和1.8‰。因此，以数据中心、智能计算中心等为代表的算力基础设施成为国家新型基础设施不可或缺的坚实支柱。我国各部委对算力基础设施建设高度重视、积极推进，近年来积极出台了各项政策，推动了规划制定、标准建设、政策倾斜与鼓励扶持，为我国算力基础设施建设营造了良好的环境。在需求牵引、政策驱动的背景下，算力基础设施建设蓬勃发展，为产业数字化转型提供了有力的支持。

算力基础设施具有高效计算、安全可靠、开放生态、灵活扩展、融合管理、便捷部署等优势，适合为多种业务应用提供高并发的多核算力。算力基础设施的相关产品及产业可为金融、制造、能源及医疗等多行业提供能够满足用户个性化需求的方案，进一步提高各行业、各部门的资源配置效率。

在未来发展中，我国算力基础设施建设仍需政府加强引导，从社会层面统筹规划，按照实际情况合理配置，根据区域产业需要进行定向建设，实现可持续发展。同时，由于算力基础设施建设的复杂程度高、贯穿环节多、涉及方面广，因此需要政策、产业、企业及标准多层面共同推进。我国不仅要在技术层面不断发展、积极创新，还要着眼于相关标准的建设和推广，在价格范围、技术路线等方面进行统一。只有做好顶层设计、形成统一标准，才能更好地统筹推进，进而促进产业数字化水平持续高速提升。

（1）数据中心

数据中心通常是指能够集中实现信息处理、存储、传输、交换、管理的物理空间。根据商业模式及其对应的业务目标不同，数据中心架构主要分为三类：企业数据中心、托管数据中心及门户网站数据中心。目前，大部分企业数据中心都采用了融合网络、服务器虚拟化等技术进行构建，将虚拟化服务器和物理服务器结合起来，以提高资源利用效率。托管数据中心是一种企业外包的数据中心，企业租用托管服务商的服务器，或将企业服务器放在服务商物理数据中心。托管数据中心通常需要应对遍布全球的几十个中小企业的数据服务需求。因此，托管数据中心的建立与特定的应用程序无关，可以广泛使用虚拟化技术处理复杂运算，以降低成本。而门户网站数据中心是向公众提供服务的，需要保证用户能够进行正常访问并提供最快的速度。因此，门户网站数据中心无法大规模应用虚拟化技术。

数据中心基础设施一般分为以下几个部分：

一是供配电系统，主要包括市电引入、变电站、高低压配电设备及备用发电机组等，提供数据中心最基础的动力来源、能源配送和可靠性保障；

二是不间断电源系统，主要包括开关电源、UPS、蓄电池组等，为服务器提供不同制式的不间断电源，确保服务器可靠运行；

三是终端配电系统，主要包括电源总柜、头柜、机柜PDU等直接用于服务器的末端配电设施；

四是电源辅助系统，为数据中心机房及设备提供辅助支撑，保障其能够保持良好的连接性能、安全稳定运行；

五是空调系统，为服务器提供需要的冷量，防止设备过热，保障设备正常运行。

（2）智能计算中心

智能计算中心是基于最新人工智能理论，采用领先的人工智能计算架构，提供人工智能应用所需算力服务、数据服务和算法服务的公共算力新型基础设施。智能计算中心的出现使很多中小型企业也有能力接触并使用人工智能算力资源，能够提高中小型企业的智能化水平，有助于加快我国产业数字化转型进程。同时，智能计算中心也为许多大型组织解决了自建人工智能算力所面临的软硬件系统价格高昂、人工智能领域工程师不足、运维成本高，以及机器散热、降噪等问题。

智能计算中心由硬件基础设施和软件基础设施组成。硬件基础设施包括人工智能计算子系统、存储子系统、网络互联子系统。其中，人工智能计算子系统主要提供硬件算力，由人工智能芯片、基于人工智能芯片的服务器与芯片间和服务器间互联网络构成。软件基础设施包括基础软件、人工智能使能软件及行业算法等。其中，人工智能使能软件支持作业的自动调度、大规模分布式训练等，对人工智能计算子系统提供的算力资源进行实时监控、统一管理、资源调度和分配。

5.2 融合基础设施

融合基础设施是指将大数据、物联网、人工智能等数字技术深度应用于传统基础设施而形成的新型基础设施，是传统基础设施转型升级的主要方向，是新一代信息基础设施在各行业深度融合的产物。融合基础设施紧紧围绕各行业需求，通过打造强大的云计算能力、构建先进的网络基础、部署泛在的感知终端，对传统基础设施进行数字化、智能化升级，从而深入探索、发掘、拓展传统基础设施的服务能力，提升传统基础设施的服务水平，实现网络化、体系化的管理，以及人性化和智能化的服务，为各行业的产业数字化转型扫清障碍。

在新一代数字技术的赋能下，加快融合基础设施建设是推动传统基础设施转型升级、实现传统基础设施变革的必经之路，对于我国全面深化各行业的数字化转型、发挥数字经济的新引擎作用具有重大意义。

（1）智能交通基础设施

在智能交通运载工具方面，智能驾驶汽车、无人机、无人船等飞速发展。智能驾驶汽车通过计算机系统自动分析路况并做出判断，实现无人驾驶；无人机、无人船可完全依靠卫星定位及自身传感器完成航行任务。如今，消费级、工业级智能交通运载工具崛起，在农业植保、地理测绘、管道巡检及海洋监测等诸多领域发挥重要作用，推动产业数字化转型。

部分智能交通建设方案通过融合5G、大数据、人工智能及区块链等各类数字技术，建设多维监测、精准管控的交通管理系统，实现信号联网联控、智能视频监控、交通诱导、运营车辆联网联控、车联网、基于AR的立体防控体系等多种功能。事实证明，实施这些方案有效提升了交通系统的运行效率和管理水平，保障了公众能够顺畅、安全出行，进一步推动了数字社会全面建设落成。

（2）智能能源基础设施

智能能源基础设施是通过5G、人工智能、大数据、云计算等数字技术，建立用能、供能、管网、治理及能源交易等多方面能源业务的基础设施。它以高速率、低时延的双向通信网络为基础，利用智能传感技术、精准探测技术、安全访问控制方法及智慧分析与预警系统，保障能源行业各应用场景的安全可靠、高效经济，助力提升能源行业的数字化、智能化发展水平。

基于5G、云计算和人工智能技术的智能能源基础设施，结合智能机器人、无人机、前端智能摄像头等设备，可以为输电线路检测、现场作业安全管控、智慧变电站、智慧加油站等能源行业创新应用提供全息可视化智能巡检服务。基于大数据、云计算、区块链技术的智能能源基础设施，可以提供面向能源企业的产品全生命周期的中台服务，提高企业的运行效率和决策智能化水平。

（3）智慧医疗基础设施

智慧医疗基础设施将传统医疗基础设施与通信网络基础设施相结合，利用医疗物联网、数据融合、云计算、城域网等技术，有效地打破了原有医疗系统的物理空间限制。它将相关的医疗人员、医疗设备及单位紧密连接起来，为病患人员、医务人员、保险公司、医疗科研人员建立了沟通渠道，支持远程挂号、在线咨询、在线支付等医疗服务。同时，它实现了信息高效流转，保障了业务办理的畅通，极大地简化了看病流程，提高了看病效率，缓解了看病难的社会问题。

基于智能语音识别、自然语言处理等人工智能技术的智能虚拟助手，可以辅助医生进行常见病筛查及重大疾病监测预警。基于机器学习、图像识别等人工智能技术的智能影像系统，可以实现医学影像的自主分析和辅助诊断。智慧医疗基础设施建设通过推动医疗产业数字化、智能化，切实解决了医疗行业问题，优化了医疗服务，保障了基础民生。

（4）智能制造基础设施

智能制造基础设施以工业互联网、物联网、人工智能及大数据等技术赋能传统工业基础设施，改造原有工业设施，解决传感器、设备兼容、数据传输及信息处理等工业关键性技术问题。

智能制造基础设施通过在产品生产、加工环境中配置大量的智能传感器、控制器、监视器，实现对工业生产、制造流程中信息的广泛采集；利用数据智能分析、判断、决策系统，对工业生产过程的各个环节进行实时监控预警，帮助制造业企业迅速发现生产、管理过程中的问题及风险，从而大幅提高制造效率，改善产品质量，保障生产安全，推动工业制造降本增效，实现传统工业的智能化升级。总之，智能制造基础设施切实提高了工业制造相关产业的生产实时性、流程自动化、安全性和信息互通互联性。

智能制造通常以智能工厂的形式呈现，主要强调工程建模及智能系统架构开发。目前，智能制造主要集中在产品保管和物流运输这种相对单一的场景中，如智能仓储、来料及成品运送等。随着相关政策的出台，生产过程智能化逐步发展，各企业结合实际生产场景逐步建立了智能化生产运营管理模式，企业产能大幅提高，生产运营等成本显著降低。

5.3 创新基础设施

为了加快各产业的数字化进程，我国不仅需要灵活运用新技术，还要在新技术的基础上持续创新。关键核心技术的不断更新是国家推进产业数字化进程的根本动力。创新基础设施主要是指支撑科学研究、技术开发、产品研制的具有公益属性的基础设施。可以说，创新基础设施是信息基础设施及融合基础设施的一种延续，是实现高新技术与产业融合、持续发展的重要基础。

我国在部署创新基础设施时应注意与产业升级无缝连接，避免脱离市场需求与生产实际；尽可能地吸纳企业参与创新基础设施领域的建设，通过市场主体的深度参与进一步丰富推动创新的资源和路径。数字化转型离不开数字技术的支撑，而且创新基础设施能推动数字技术不断发展完善，为产业数字化提供合理的技术发展方向，指引产业数字化进程。

（1）重大科技基础设施

国家重大科技基础设施是指为提升探索未知世界、发现自然规律、实现科技变革的能力，由国家统筹布局、依托高水平创新主体建设、面向社会开放共享的大型复杂科学研究装置或系统，是为高水平研究活动提供长期运行服务、具有较大国际影响力的国家公共设施。根据功能的不同，重大科技基础设施主要分为专用设施、公共实验平台及公益基础设施三类。国家发改委已布局建设多个重大科技基础设施，基本覆盖重点学科领域和事关科技长远发展的关键领域。重大科技基础设施的技术成果通常具有巨大的影响力，能影响、衍生一批新科技及新应用，带动制造业转型升级，保障供应链与产业链高效、安全运转,极大地促进经济和社会发展。

(2)科教基础设施

人才资源是创新的核心动力,要想真正掌握核心技术,并且不受制约,我国就要从根本上重视人才培养,实现企业核心技术人才自主可控。人才大多是通过学校教育而来,因此科教基础设施的建设就显得尤为重要。科教基础设施就是保障学生参与科学教育的基础性设施,一般包含科学探究实验室、理化生实验室、科技创新实验室、植物园、天文台、地质园及生物标本展廊等。通过建设一系列科教基础设施,可以提高学校的教育水平,培养出大批有科学技术知识、谨遵科学理念、推崇科学方案、弘扬科学精神的人才。只有重视、加强科教基础设施建设,才能从根本上为我国的科技进步、数字化转型提供源源不断的内在动力。

第 6 章

数字化引领制造业高质量发展

制造业是实体经济的基础，是未来我国经济高质量发展的关键。在数字经济时代的全球竞争中，依托数字技术发展更高水平、更有竞争力的先进制造业，已经成为各国的战略共识。数字经济具有高创新性、强渗透性、广覆盖性的特点，不仅是新的经济增长点、改造提升传统产业的支点，更是构建现代化经济体系的重要引擎。数字技术和产业数字化能够推动各类资源要素高效流动、各类市场主体加速融合，促进制造业生产方式、组织方式和服务方式的系统性变革，对于提高制造业的生产效率和供给质量、做大做强实体经济具有重要意义。

6.1 我国制造业的地位与困境

从世界主要国家的制造业占比来看，我国制造业占 GDP 的比重接近 30%，仅次于韩国的 31%，高于德国的 22%、日本的 18%。但从就业人数来看，我国的制造业就业人数占比最高，其次是德国、日本和韩国。我国已经成为制造业大国，多个制造业行业产量均居于世界第一位。

然而，近年来，中国制造遇到了一系列新问题，一些中低端制造业因为生产成本的上涨而迁移到东南亚，高端制造业也出现外流。种种迹象表明，我国亟须大刀阔斧地进行制造业数字化转型。

6.1.1 制造业在我国经济发展中的重要地位

从世界层面看，美国、德国和日本的制造业发展水平较高。此外，也有很多发达国家将制造业作为立国之本并对其展开战略规划和部署，从根本上重视和积极发展、改造制造业。从我国自身层面看，我国制造业规模不断壮大，自 2010 年超过美国后连续 11 年稳居世界第一。

制造业是工业的主体，是国民经济的支柱产业。我国对制造业发展始终保持高度关注，相继制定了有关制造业的中央、地方文件，更加注重将新一代数字技术与制造业融合，加快制造业数字化转型，推动制造业朝绿色化、智能化和服务化方向发展。在我国陆续出台的诸多指导性政策文件中，智能制造、绿色制造和服务型制造成为主要内容,如图6-1所示。其中,绿色化和绿色制造是制造业政策的重要主题。我国希望通过政策引导加强制造业主体的环境保护意识,提高制造业资源利用率,改变过去单纯靠大规模要素投入获取经济加速度的发展模式,解决环境污染问题。

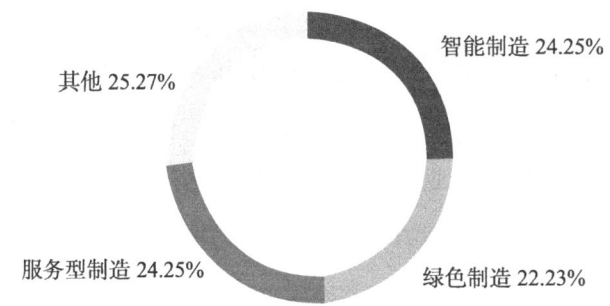

数据来源:赛迪智库网络安全研究所、赛迪区块链研究院整理

图6-1 国家层面关于制造业的政策分布

6.1.2 我国制造业发展的困境

强大的制造业基础对于我国经济发展发挥了至关重要的作用,也为全球经济发展提供了强大的支撑。但是,随着国内外形势发生深刻变化,我国制造业发展有放缓的趋势,制造业高质量发展面临的困境逐渐显现,总结起来主要有以下四个方面。

(1)缺乏关键核心技术,制约制造业转型升级

科技创新的关键在于核心技术。我国关键核心技术长期受制于人,阻碍了制造业转型升级。当前,我国制造业有关定制化、个性化、高附加值和高品质的产品供给能力不足,制造业产品多以高性价比取胜,其基本参数和常规功能主要满足普通消费群体的需求。在我国庞大的制造业群体中,拥有自主知识产权、掌握关键核心技术的企业数量不多,多数传统制造业企业仍以开发改进

型、模仿型产品为主，制造业整体处于全球价值链的中低端层级。在高新技术领域，我国紧缺的核心芯片、关键零部件、研发设备和精密器件对外依存度高，部分产品进口依赖度高达90%。目前，我国制造业数字化转型严重受制于企业创新性不足、关键核心技术匮乏。

（2）制造业设备数字化、标准化水平有待提升

一是制造业工业设备终端的联网率低，数字化程度低。我国制造业企业的工业设备存在网络化及数字化基础薄弱、联网率低等问题。尤其是中小企业用于网络改造的资金不足，导致数据信息采集不完整，严重阻碍了制造业企业的数字化进程。

二是企业设备间的数据标准不统一，数据互联互通性差。我国制造业多年的发展形成了各种设备及网络，在企业设备多样化、应用环境复杂的情况下缺乏互联互通的标准，使企业数字化与智能化进程受到很大影响。大多数制造业企业在生产管理中都会涉及多种工业终端设备、多种网络，以及围绕企业生产管理的多种应用系统，如企业资源计划（Enterprise Resource Planning，ERP）系统、工业设计系统、财务系统等。但是，这些设备、网络及系统之间缺乏互联互通的标准，使应用系统之间的数据互通性和互操作性无法得到保障，难以更好地支持制造业企业数字化转型。

（3）对企业信息安全与设备数据安全的重视不足

为了追赶智能制造时代浪潮，大批制造业企业借助人工智能、大数据和物联网等先进数字技术实现生产业务流程数字化。然而，随着数字技术的引入，相应的企业信息安全与设备数据安全却没有得到重视，暴露在工业互联网中的工业控制系统和设备安全应急响应机制落后，致使企业面临严峻的安全挑战，容易蒙受巨额亏损。

目前常见的诱发企业信息安全的因素大致为两种。一是来自企业内部人员操作不当或故意破坏数据真实性、阻碍系统正常运行而产生的信息泄露。二是

外来入侵导致的信息泄露。例如，入侵者攻击企业操作系统或工业设备，造成了系统或设备无法正常使用及重要信息（如核心工艺参数）被窃取的风险。

（4）中小企业融资难导致企业发展动力不足

近年来，国内土地成本和环保成本上涨幅度大，国际能源价格、原材料价格逐步上升。在此环境下，制造业面临更严峻的生产成本问题。中小企业是我国制造业的主力军。基于目前国内外经济形势，制造业中小企业普遍面临利润降低、成本增加和出口量减少的艰难局面。因此，制造业中小企业亟须资金保持生产经营，进行产业转型升级。而中小企业却始终面临难以解决的资金短缺问题。商业银行基于规避风险的资金流动性和盈利性原则，对抗风险能力差、规模小、监管成本高和信用等级低的中小企业采取惜贷策略。而民间借贷利息又过高，严重超过中小企业的承受能力。多种因素造成制造业中小企业融资难、融资贵，限制了企业的生产和发展。

6.2 我国制造业的数字化转型迫在眉睫

近几十年来，我国制造业发展取得了巨大的成就，不断推动工业经济迈上新台阶。但是，大多数制造业企业受土地、人力、技术等要素的制约，综合成本有增无减，尚处于低水平发展阶段。为了巩固制造业在我国国民经济中的重要地位、打破制造业发展桎梏、切实解决我国制造业面临的诸多痛点，数字化成了我国制造业寻求自我突破、实现可持续增长的必由之路。

6.2.1 制造业数字化转型的必要性

根据国家统计局统计，近几年我国传统产业在制造业中的占比虽然有所下降,但仍然高于80%。以数字化改造传统产业为抓手加速制造业提质增效,具有广阔的市场空间和巨大的发展潜力。经相关数据证实,通过开展智能制造试点示范活动,打造高水平的智能工厂和数字化车间,能有效提升传统产业的生产效率。这些示范活动开展前后的数据对比显示,产品不良率平均降低25.6%,产品研制周期平均缩短30.8%,运营成本平均降低21.2%,能源利用率平均提升16.1%,生产效率平均提升37.6%。由此可见,数字化转型能把制造优势和智能化、网络化有效叠加,充分提高生产制造的精细性与灵活度,实现绿色化、柔性化、智能化生产,是我国制造业转变发展方式、实现高质量发展的重要途径。

(1)释放数字经济发展的巨大潜力

当前,我国数字经济在不同产业、区域的发展不均衡,服务业数字经济占比明显高于制造业、农业占比。数字经济协调发展水平亟待提升,尤其需要促进数字技术与制造业深度融合,对制造业的设计研发、生产制造、仓储物流、销售服务等进行全要素、全流程和全产业链的改造,充分释放数据要素价值,全面疏通国内大循环。在生产环节,数字化有利于提高供给质量,实现降本增效。在分配环节,数字化有利于提高劳动者收入,稳就业、保就业。在流通环节,数字化有利于精准对接供需双方,提高流通效率和质量。在消费环节,数字化有利于精准定位目标用户群体需求,按需生产、按量生产,保持供需动态平衡。

(2)落实国家重大战略部署

近年来,我国高度重视制造业的转型升级,制造业转型升级迎来了"加速度"。2015—2016年,国务院相继印发了《中国制造2025》和《关于深化制造业与互联网融合发展的指导意见》。在部委层面,2016年工信部印发了《信息化和工业化融合发展规划(2016—2020)》,同年与国家发改委、财政部联合印发了《机器人产业发展规划(2016—2020年)》,与财政部联合印发了《智能制造发展规划（2016—2020年）》。在一系列政策的指引下，制造业数字化转型进一步深化，制造业将变成我国发展数字经济、深入开展"互联网+"行动的主战场。

（3）助力制造业企业蝶变

自2020年开始，企业上云的步伐得到加快，凸显了数字化转型的迫切性和必要性。数字化转型成为给企业带来更高效率、更稳定收入及更有力的竞争优势的关键策略。

①改变业务流程和模式

随着更多设备实现互联，企业可以连接到其价值链的各个端点并从中收集数据，缩短了依靠销售终端数据反馈调整当前业务模式的时间，从而能够更灵活地应对市场变化。

②提高员工的工作效率与创造力

数字化企业可以为员工提供团队协作工具，增加员工团队协作的紧密性，提高工作效率。此外，数字化转型使企业的办公模式更有弹性，使员工的工作更便利，更容易激发员工的创新思维，留住并吸引更多人才。

③提供更优质的用户体验

数字化企业在产品改进、服务升级及预测未来购买趋势方面更有洞察力。因此，其用户可以在不同渠道中无缝地体验到一致、及时、准确的服务。通过数字化转型，企业能更好地留住用户并提升用户忠诚度。

6.2.2 我国制造业数字化转型取得积极成效

近年来，我国深入推进数字化转型行动，大力实施智能制造工程。截至2021年底，全国工业企业关键工序数控化率、数字化研发设计工具普及率分别达到51.3%和74.7%，比2012年分别提高了30.7个百分点和25.9个百分点。建成700多个数字化车间、智能工厂，炼化、印染、家电等领域的智能制造都处于世界领先水平。工业互联网创新发展加快,培育较大型的工业互联网平台超过150家,连接工业设备超过7800万台(套),工业App数量突破60万个,工业互联网的应用已经覆盖45个国民经济大类。2012—2021年,我国电子信息制造业产业规模从10.7万亿元增长至14.1万亿元,软件产业规模从2.5万亿元增长至9.5万亿元,双双位居国民经济各行业前列,筑"魂"强"基"成效显著。

(1)智能制造发展取得积极成效

在工业互联网、人工智能、物联网和区块链等新一代数字技术的赋能作用下,我国制造业整体朝绿色化、移动化、智能化和数字化的方向发展。我国大力推动智能制造、工业互联网、区块链发展带来的政策红利,也使智能制造解决方案市场整体规模保持较高的增速,如图6-2所示。2019年,我国"AI+制造"解决方案市场规模达到1886亿元,同比增长21.80%。2020年,我国"AI+制造"解决方案市场规模超过2000亿元,同比增长23.35%。

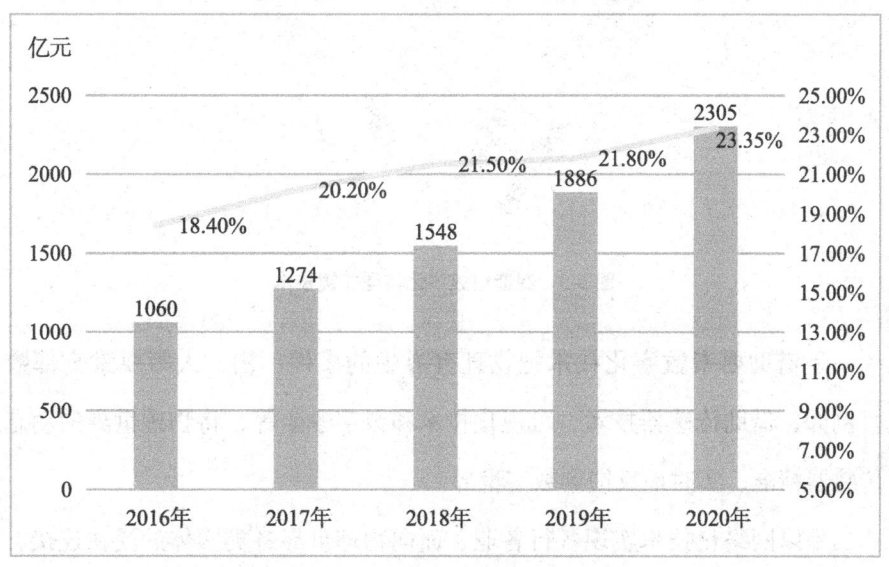

数据来源:赛迪智库网络安全研究所、赛迪区块链研究院整理

图6-2 我国智能制造解决方案市场规模

目前，我国的"AI+制造"解决方案主要依托硬件产品、软件产品和系统，可实现制造要素与资源的识别交互和信息集成。现有的"AI+制造"领军企业将自用解决方案分享给同行业具有共性需求的其他用户，寻求新的业务增长点，这将有效带动我国制造业整体水平的提升。

（2）数字技术体系不断完善

制造业数字化转型离不开新一代数字技术的支撑，其中关键数字技术大致分为以下四类，如图6-3所示。

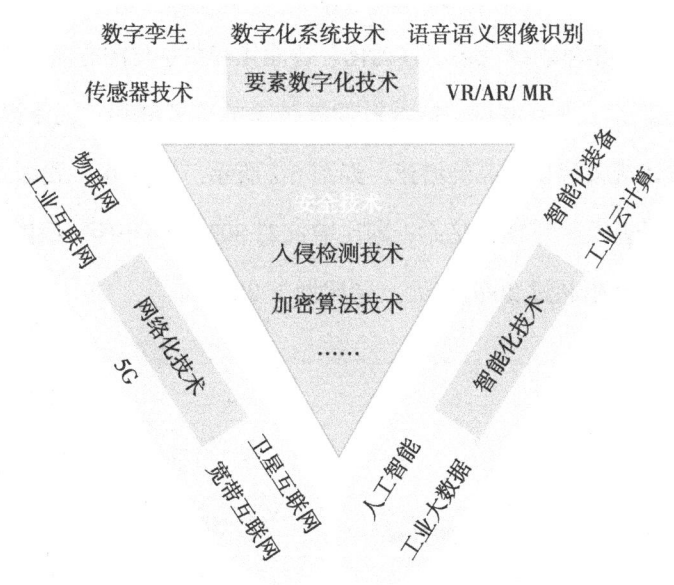

图6-3　制造业数字化转型关键技术

一是借助要素数字化技术把物理世界中的事件、物、人等要素全部数字化。例如，借助传感器技术、可视化技术和数字孪生等，将物理世界的动态通过传感器精准、实时地反馈到数字世界。

二是以网络化技术实现各行各业、面向物理世界各类实体的泛在连接，如工业互联网、物联网、卫星互联网及5G等。

三是以智能化技术实现数据驱动，进行价值挖掘，如工业大数据、人工智能、工业云计算、智能化装备等。

四是安全技术，涉及数字签名、数字水印、入侵监测、隐私保护和加密算法等。

（3）企业云端化转型渐成气候

数字化转型是企业发展的必然选择和重要支撑，而云端化则是数字化转型的关键路径。借助云计算技术，企业可实现新技术的快速引入、硬件资源的高效配置等，实现IT层基础设施的云端化，率先完成数字化转型，抢占发展先机。随着云计算技术的日益发展和普及，大多数企业对上云展开了探索和实践。目前，制造业企业上云的路径主要有三种。一是大型制造业集团的信息改造，集团内部较多的信息公司或碎片化的信息系统通过上云做数字化改造，既可以优化烟囱式架构，还可以复制经验用于管理下属子公司。二是制造业企业开发云上应用，从业务升级入手，与人工智能、大数据、视频等技术结合，通过搭建云平台做应用开发。三是企业搭建云平台开发测试环境。有些制造业企业的数字化能力很强，很快就完成了测试环境上云，开发了符合业务需求的应用。2019年，我国企业上云率高达64.2%。其中，已完成IT硬件云化且正在进行应用云端化的制造业企业占20.8%；基本完成云计算部署，进入混合云使用阶段的企业占18.9%；正在进行IT硬件设施云端化的制造业企业占24.5%。通过调研数据可知，大多数企业的云端化已经开始进行实际生产场景的实践。

（4）工业互联网平台创新发展

工业互联网与制造业深度融合的速度不断加快。工业互联网平台是工业互联网建设与应用的核心，向上承载应用生态，向下接入系统设备，是设备厂商、工业用户企业和服务提供商等的连接枢纽。目前，我国的工业互联网平台建设与发展尚处于初级阶段，平台技术和服务领域已经完成单点创新，行业关键应用领域也加速落地应用。

一是工业互联网平台具有社会化资源协作、业务运营优化和设备产品管理三大典型应用场景。我国工业互联网平台应用在提高工业企业效率、降低成本和优化业务流程方面成效显著。

二是平台化数据驱动型解决方案加速形成。工业互联网平台解决方案实现了流程驱动的业务系统转变为数据驱动的平台应用新范式，通过各类机器设备、人、业务系统的互联，实现数据要素端到端、跨系统的流通，基于数据利用、建模与分析，驱动生产经营管理优化，催生新业态、新模式。

三是以平台为基础的关键行业应用正在加速创新推广。现阶段，跨行业工业生产互联网平台自主创新与推广的脚步不一致，运用重点和发展路径具有明显的行业特点。电子、电力工程等现代化和数字化紧密结合的行业在知识储备、信息科技、生产技术、管理技术等方面较完善，更新的难度比较低，互联网平台应用创新和普及度更高。为了提升生产安全水平、解决环境污染问题，钢材、石油化工、煤业等流程行业率先布局了环保无污染平台化综合性监管能力建设，借助工业互联网平台显著提高了精细化管理控制的水平。我国涌现出一批具有制造业龙头背景的平台企业，如海尔集团的COSMOPlat平台、华为集团的FusionPlant平台、航天云网INDICS平台、三一重工的树根互联平台、富士康的BEACON平台等。制造业的中型企业也开始建立行业平台，如纺织服装行业汉帛集团发布的工业互联网平台——哈勃智慧云、芯片行业紫光集团推出紫光云工业互联网平台等。

（5）应用场景数字化转型加快推进

由于新一代数字技术具有多样化特征，目前数字化已渗透到工业制造的全流程，涵盖研发设计、流程生产、项目管理和供应链等多个领域，并推进工业产业链向销售、服务、办公等应用场景延伸。

①研发设计数字化

在研发方面，企业更贴近用户，逐步从以产品为中心转向以用户为中心，以售后和调研所得数据为依据进行精准分析并产生用户画像，同时以大数据评测为依托分析优化产品所需的技术、材料，加速产品创新，做好产品迭代。在设计方面，除了计算机辅助设计（Computer Aided Design，CAD）、计算机辅助工程（Computer Aided Engineering，CAE）等较成熟的数字化应用工具以外，3D 打印、VR 等新技术也在产品设计中得到应用。

②流程生产数字化

流程生产数字化体现在两个方面：一是借助智能仪表、自动化生产线和工业机器人等智能设备提高产品质量和生产效率，降低对员工的依赖，同时采集流程生产过程中的相关数据；二是通过工业互联网、制造执行系统（Manufacturing Execution System，MES）、产品生命周期管理（Product Lifecycle Management，PLM）系统的应用，对生产过程实现智能化管理，并有效分析工业机器人和设备的损耗情况。

③项目管理数字化

工业项目管理以工业大数据平台为依托，目前客户关系管理（Customer Relationship Management，CRM）、ERP、供应链管理（Supply Chain Management，SCM）、高级计划和排程（Advanced Planning and Scheduling，APS）、电子订货系统（Electronic Ordering System，EOS）等管理系统已被广泛应用在财务管理、客户管理、供应链管理、库存管理、设备管理、产品质量管理等多个领域。而且，不同行业拥有特殊的管理系统，如食品行业的质量可追溯体系。

④供应链数字化

新一代数字技术如大数据、人工智能、物联网、区块链、机器学习和 3D 打印的创新发展都在赋能数字化供应链，加快重构以 ERP 系统为主的传统供应链信息系统。

6.2.3　未来我国制造业数字化转型仍面临多重考验

进入数字经济时代，制造业发展不再局限于传统模式，而是创造新业态、新模式,为制造业带来了新的生机与活力。早在 2020 年上半年,我国工业电子商务普及率就已经超过了 60%,制造业内部重点企业进驻双创平台的比例更是高达 84.2%。如今,智能制造、个性化定制等多种新模式正在逐步兴起并持续发展,但同时也面临着多方面的考验。

(1)制造业企业缺乏顶层设计

制造业企业数字化转型是一项全面系统的工程,需要顶层设计指明数字化转型的方向,提出数字化转型的目标及任务。目前,多数制造业企业在数字化转型过程中未进行相关的顶层设计,企业内部资源较分散,碎片化地开展相关数字化工作,缺乏统一的、整体的规划设计和任务解构。

(2)制造业企业缺乏相应的标准

制造业企业在数字化转型过程中需要考虑相关标准规范的制定,如技术标准、平台标准、数据标准等。以数据标准的制定为例,现有企业的数据等大多沉降在分散的系统中,数据结构可能存在不同,使数据共享较困难。

(3)制造业企业基础设施有待进一步完善

制造业企业基础设施既包含软件设备、硬件设备、网络等信息基础设施,又包括机器设备等生产设施。现阶段,制造业企业基础设施还在不断的完善建设中,需要巨额的资金投入,同时需依托一批高新技术。在国家和各省市的大力扶持下,我国制造业企业普遍开始了信息基础设施建设,并且成效较显著。但是,仍有部分制造业企业尚未开始布局企业局域网。在管理信息系统方面,虽然企业已经进行了相关建设,但是大多数系统仍处于初步使用阶段,距离业务系统的全流程数字化及平台一体化还需要一定的时间。

(4)企业缺乏数字化人才

这也是众多制造业企业普遍面临的问题。一方面,目前的数字化人才拥有量难以满足需求增长,需求缺口巨大。根据人社部的数据分析,2020 年智能制造领域所需人才为 750 万人,缺口为 300 万人;预计到 2025 年,智能制造领域所需人才将突破 900 万人，缺口达 450 万人，与 2020 年相比缺口增大了 150 万人。另一方面，数字化团队对数字化人才的学科要求跨界度高，核心人才不仅要懂数字技术，而且要懂生产运营管理，这导致数字领域顶尖人才供不应求。

6.3 我国制造业数字化转型的典型应用

我国制造业数字化转型已经积累了很多成功案例，最显著的莫过于汽车制造业与服装制造业。本节分别以两者为例进行剖析，希望对其他各行业的数字化转型有所启示。

6.3.1 汽车制造业业务流程数字化

以汽车制造业为例，数字化转型升级阶段即企业建立集内部组织、研发设计、生产制造、营销服务于一体的多维生态网络阶段。汽车制造业通过采用大数据、人工智能、云平台、车联网、5G 和云计算等新一代数字技术助推产业"研发设计—生产制造—市场营销"等业务流程的数字化，如图 6-4 所示。

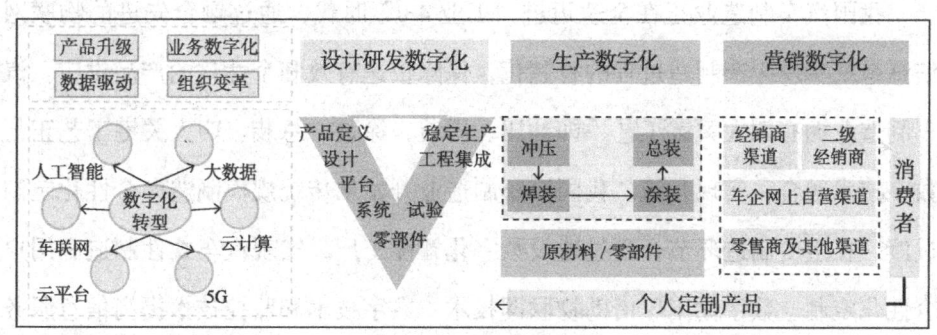

图 6-4 业务流程数字化

(1) 设计研发数字化

在几十年前,汽车工程师的图纸都是按吨来称量的。而现在有全生命周期的产品设计系统,零件的概念设计、评审、发布、工程更改都通过系统进行审批和记录,从造型设计、整车布置到发给供应商开发模具的全过程都已经实现了数字化。汽车研发设计还存在一个耗时较长的过程——验证环节。

在汽车验证环节,首先制造几辆样车交给经过仔细筛选出来的用户使用。如果发生问题,就改进设计,直到这辆车能够在用户的使用环境中正常使用为止。汽车制造商也在收集有关产品的实际使用数据。在积累了一定的经验后,汽车制造商开始意识到在试验室的试验设备上或专门的试验场地上进行验证试验的价值。20世纪60年代,汽车验证层面出现了两大技术发展方向:一是在汽车零部件开发过程中,运用系列损伤累计模型对汽车进行随机疲劳寿命检测;二是在汽车开发试验室中引入伺服液压作动器,更精准地复现汽车在道路行驶过程中所受的负荷,改善试验的累计重复性。20世纪五六十年代,有限元技术和计算机技术的发展带动了基于有限元分析的仿真技术的发展。几十年发展过后,汽车开发试验逐步被CAE技术替代。如今,CAE技术已经实现了虚拟推动现实,不只是实现验证,还能够通过各种优化方法提升车辆的性能,降低产品的成本。

(2) 生产数字化

我国汽车制造业正在全速迈进"工业4.0"时代,通过融合先进的物联网信息系统实现生产制造过程的智慧化,保障快速有效和个性化的产品供应。汽车制造业拥有四大关键工艺,即冲压、焊装、涂装、总装。四大关键工艺正与数字技术融合,实现升级。我国汽车制造业开始从传统规模制造向个性化定制过渡。在生产制造环节,通过建设数字化智能工厂,实现汽车柔性制造和用户个性化定制。数字化工厂借助物联网技术、数字技术和监控技术提高信息服务管理水平,加强生产可控性,降低人为干预,使计划排程更合理。其中,我国汽车企业依托数字技术串联生产制造的全域网络，构建绿色、舒适、环保、节能、高效的人性化工厂。同时，数字化工厂提供一定的数据分析能力，采集并将问题可视化且实时反馈，为优化生产提供强有力的数据支撑。数据至关重要，经数据采集，运用数字技术构建 AI 数据模型，进一步调节优化生产制造设备。我国汽车企业正通过数据赋能打通内部研发设计、生产制造、经营管理、销售服务等全流程，构建基于云平台的海量数据采集、汇集、分析服务体系，提升自身的智能制造业务水平。

（3）营销数字化

自 2020 年以来，面对销售压力和低迷的市场环境，汽车行业也意识到营销数字化转型的必要性。汽车行业积极探索营销数字化，针对用户、数据、系统提出各种具体措施。从用户层面看，在营销互动中洞察需求，强化用户生命周期，贯彻"数据赋能"；利用用户生命周期管理理念，创造更多用户体验场景，试探用户的反应，从而了解其偏好；多方获得更完善的信息以强化对用户的全面认知，并利用人工智能技术实现针对性营销。从数据层面看，打通数据流，治理数据并适配业务；构建具有通用性的基础数据处理能力，统筹各部门数据的开放与互通；与业务流程结合，统一规范定义、整理数据；挖掘数据价值，指导企业决策。从系统层面看，使用一体化的业务管理系统，并制定合理的配套考核和激励机制，优化营销业务流程。

6.3.2 服装制造业数字化转型

目前，服装制造业正在从纤维生产到成衣生产实现自动化的过程中，一些数码络筒机、裁床模板机、自动染色机等专业设备正在研发、使用。数字技术正深入服装研发设计、生产制造及销售服务的各个环节，如图 6-5 所示。

纤维生产	染色/整理 纱线生产	染色/印花 布生产	服装设计 裁片	缝纫	辅料及配件生产 熨烫	包装	分销	零售
纤维生产环节	纱线生产环节	布生产环节	染色		服装生产环节			销售环节
精密数码络筒机	纱线质量检测仪	自动染色成套设备	自动裁床	自动吊挂	模板机	智能检测设备		纱线、染整及剪裁专业自动化设备的研发
纺织服装 ERP 系统		标准工时系统		纺织服装 MES 系统		C2M 定制化系统		流程管控和C2M系统等工业软件的应用

图 6-5 服装制造业数字化转型示意图

（1）设计阶段

将服装设计流程搬到线上，可以实现降本增效的目的。例如，实物面料被 SaaS 服务和融合数字面料替代进行服装行业供应链管理，品牌商的设计师团队及独立设计师能通过平台方便、快捷地找到需要的数字面料，虚拟设计服装，实现制造商、面料供应商与品牌商之间的高效协作；设计部门通过使用 3D 时尚设计软件，不但可以让服装设计过程变得更直观，而且可以将生成的数据直接用于驱动生产。3D 软件逐渐从以纸张为基础的流程转变为完全以数字化为基础，这种转变缩短了产品从设计研发到生产制造再到用户消费的时间。现在主流的 3D 服装设计工具包括 VStitcher、Optitex、Style3D、Marvelous Designer、Tuka3D 等。

（2）生产阶段

制造商可以采用数字化的机械提高精度和效率，科学合理地安排采购计划，高效地进行车间现场的管理，准确掌握库存。

第一，在采购方面进行数字化转型。过去采购计划受配件、原料和 BOM 等基础信息不完善的限制，只能靠经验囤货，以一两个月为间隔购买，一次购买囤积几个月的量。这样不仅增加了库存管理成本负担，还占用了大量流动资金，导致不良产品处理时间长、报废率高。现在系统自动根据物料需求进行运算，科学合理地安排采购计划，按需按时下达采购单，大大提高了资金利用率。此外，当前采购审批为线上处理，审核效率显著提高；管理者还可直接查看库存水平，有效降低了呆滞风险，月底与供应商对账时也可直接从系统导出详细的对账单。

第二，许多业务流程的数字化使车间管理效率得到较大的提升。过去车间的计划执行情况和生产进度不可随时查看，缺少量化数据，产能情况只能通过专人收集，以事后纸质日报表的形式进行统计，工作量大、滞后、易出错。现在车间的计划完成情况和实际生产情况可借助产线平板报工和车间看板等方式实时查看，管理效率大幅提高。

第三，库存管理方面的数字化转型能提高库存管理效率。过去传统的库存管理缺乏统一编码，出入库流程缺乏规范化管理，整体管理处于混乱状态，物料缺失等现象频发，严重制约计划、采购部门正常工作。数字化使上下游部门信息传递成为可能，压缩了库存周转时间，减少了库存呆滞风险。

（3）销售阶段

零售商运用传感器技术对用户行为展开追踪和分析，提高销售转化率；物流公司借助机器人、物联网技术改进采购包装流程，协调物品交付。

在销售环节，服装销售商非常注重采用数据和技术服务于用户，挖掘用户的潜在需求。通过建立官方旗舰店或门户网站，可以打通商业流量、线下自有流量、腾讯社交流量和微信公众号粉丝四大渠道。通过整合和分析数据，可以生成更精准的用户画像，相应改变与用户之间的关系。企业可以运用数字化运营技术协同门店、网店、平台等线上线下全场景及全渠道，丰富产品和服务，优化用户消费体验。

第 7 章

数字化挖掘农业新潜力

近年来，数字技术在农业高质量发展进程中的作用逐渐凸显，以数字技术为手段，推动农业产业深度融合、生产智能管控和经营决策便捷化，成为实现农业高质量发展的新动力。目前，我国农业正处于转型升级的变革期，借鉴国外农业高质量发展的经验，以"数字乡村"建设为依托，探索出一条具有自身特色的数字农业发展道路，有利于提高我国农业的国际竞争力。

7.1 全球数字农业的诞生与发展

数字农业的概念最早是 1997 年在美国被提出的,至今仍然在不断丰富和完善。由于数字农业的发展还处于早期阶段,对数字农业的理解还有不少歧义,概念被用错和被混淆的情况经常发生。因此,要研究数字农业,我们就要规范对其概念的理解。

7.1.1 什么是数字农业

数字农业是数字技术在农业领域的综合和全面应用。具体来讲,数字农业将遥感(Remote Sensing,RS)、地理信息系统(Geographic Information System,GIS)、定位系统、计算机技术、通信和网络技术、自动化技术等高新技术,与地理学、农学、生态学、植物生理学、土壤学等基础学科有机地结合起来,实现在农业生产的全过程中对农作物从规划、投入、生产到农产品收获、加工、营销等全过程的模拟、监测、判断、预测和建议,达到提高资源利用率、降低成本、提高生产效率和产品质量、改善生态环境的目的。

国际上对数字农业有了比较系统全面的定义,即数字农业是将数据作为农业生产的要素之一,用现代数字技术对农业生产的对象、环境和全过程进行可视化表达、数字化设计与管理的现代农业新业态。

数字农业使数字技术与农业生产的各个环节实现有机融合，对改造传统农业、转变农业生产方式具有重要意义。数字农业中的数据具有多源头、多维度、动态性及时效性等显著特点。数据维度是多元全面的，数据量是大规模、海量的。数字农业要在大量动态时空数据的基础上，对农业的某一自然现象或生产经营过程等进行数字孪生。例如，土壤中残留农药和农作物生产的数字化、农业自然灾害及农产品市场流通的数字化等。

7.1.2 全球数字农业发展历程

总览全球，数字技术（或者说信息技术）在农业的应用经历了多个阶段。

（1）20世纪五六十年代，农业应用数字技术的重点在数据的统计与计算方面，实现了农业生产和技术发展的定量化。

（2）20世纪七八十年代，农业数据库得到大力发展。在此基础上，农业相关的知识工程、专家系统成为研究重点。

（3）20世纪90年代，互联网基础设施建设方兴未艾，发达国家开始加大力度，深入研究专门应用于农业的信息服务网络，并开始应用于实践。

（4）21世纪，部分发达国家已经能够通过计算机网络、遥感技术和地理信息系统获取、处理和传递各类农业信息，并顺利地应用于实际的农业生产。

近年来，国外数字农业已经发展到了一个较高的水平，在遥感技术、全球定位系统、地理信息系统、遥测技术、作物生产管理与决策支持系统等先进数字化系统的研究与开发方面遥遥领先，在地学空间信息技术、生物工程、自动化农业操作技术及生产管理技术等诸多方面分别形成了较完整的科学体系，并得到了不同程度的实际应用和发展。

7.1.3 发达国家数字农业发展举例

美国是世界上最大的农产品出口国，也是世界上农业最发达的国家，农业产值约占美国 GDP 的 1.2%。美国农业经营模式以大型农场经营为主，机械化程度高，主要有畜牧业和种植业两大部分。20 世纪 80 年代初，美国提出了精准农业的概念，并建设完成了世界最大的农业网络系统，使大部分农业产业关键信息得到了及时采集、及时传递、及时处理。现在，美国农业生产大面积应用了机器人、传感器、航拍和 GPS 等先进技术，在成本少量增加的情况下使农业生产利润持续增长，在全球有很高的市场竞争力。

德国是世界上第三大农产品和食品出口国，同时也是欧盟主要的农产品生产国之一。而且，德国还是世界最大的农机出口国，其自身农业的机械化程度也非常高。近几年，由于农业生产率和科学技术水平不断提高，中小型家庭农场有不断整合的趋势，大规模和超大规模农场越来越多，进一步提高了德国农业生产的整体效率和水平。德国重视数字农业发展，近几年每年在农业技术方面的投入均在 40 亿~60 亿欧元的水平。德国大型企业积极研发数字农业技术。例如，拜耳等专注于农业智能机械和装备，不仅开发了数字农业管理平台，还提供实施数字农场改造项目的服务，打通了农业全环节，为农民提供数字农业综合解决方案。作为欧盟成员，德国的数字农业也受益于欧盟数字化战略。

以色列是一个天然水资源严重短缺的国家，半干旱或干旱地区占国土面积的 2/3。在以色列建国初期，80% 的粮食都要依靠进口。经过长期坚持农业现代化建设，以色列已经实现了本国农业生产基本满足自身需求的目标。以色列意识到数据是做出有效利用资源决策的重要依据。因此，为了获得数据，以色列大力支持水利灌溉、农业自动化、机械化和数字化等技术及其先进应用的开发与落地。通过这些举措，以色列进一步提高了农业生产效率。目前，农业是以色列大类产业中生产力最高的产业。根据以色列农业农村发展部数据，以

1995 年为始点，经过 5 年的积累后，该国的农业生产效率一路提升，高居制造业、交通与信息业、贸易与商业、建筑业生产力之上。"节约 + 高效"是贯穿以色列数字农业发展始终的主旨思想，资源紧缺使以色列较其他农业发达国家更关注粮食安全、气候变暖及世界水资源减少等危机。以色列使用现代技术不仅大大减少了农业资源和人力资源的使用，而且有效提高了产量，节省了开支，减少了产品废弃物，成效可观。

7.2 我国数字农业发展研究

我国数字农业经历了一个漫长的发展过程。起步阶段发展缓慢，投入产出比低，导致市场调节难以奏效，只能靠政府补贴和科研人员的热情来推动。2015 年以后，数字技术快速成熟，相应的基础设施建设成本也大幅下降，广大农村地区实现了数字化基础设施的覆盖，市场因素开始发挥作用，我国数字农业发展进入了正轨。现在，大数据、云计算、人工智能、物联网、区块链及 5G 等新一代数字技术的蓬勃发展更是将数字农业推上了快车道，众多优秀的数字农业企业和产品层出不穷。

7.2.1 我国数字农业发展历程

中国信息通信研究院在 2017 年发布了《G20 国家数字经济发展研究报告》。2016 年，在 G20 国家数字农业占行业增加值比重排名中，欧美国家、东亚国家排名较高，第一名英国的数字农业占行业增加值比重高达 25.1%，第二名德国为 21.3%，第三名韩国为 14.7%。美国、日本、法国位列第 4 名至第 6 名，上述国家的数字农业占比均超过了 10%。我国位列第 9 名，占比超过了 5%，近几年的比重也有所提升。相对于发达国家，我国数字农业起步较晚，前期发展采用了政策引导和资金扶持的形式。

1990年，科技部推出"863"计划，支持计算机研究"农业智能应用系统"。

1998年"七五"期间，我国提出了发展"数字中国"战略，对"数字农业""数字城市""数字水利"等全面展开探索与研究。

2003年，国家"863"计划将"大规模现代化数字农业技术应用研究与开发"列为重大科技专项进行研究，并取得了阶段性成果。

2011年，国务院发布了《全国农业农村信息化发展"十二五"规划》，此后连续多年的中央一号文件都提到了农业数字化、现代化等内容。

自2013年开始，农业部在天津、上海、安徽三地开展了农业物联网区域试验工程，在采集农业实时数据和物联网应用方面进行了诸多探索。

2014年，中央一号文件首次提出"建设以农业物联网和精准装备为重点的农业全程信息化和机械化技术体系"，将物联网建设列为农业信息化的重点工程。

2015年后，关于数字农业的政策出台频率不断加快，体现了国家层面对传统农业进行数字化升级的重视程度不断提升。《农业部关于推进农业农村大数据发展的实施意见》的发布为"农业＋大数据"的发展应用指明了方向和重难点。

2016年，《"十三五"全国农业农村信息化发展规划》提出，到2020年，农业生产智能化水平大幅提升，物联网等数字技术应用比例达到17%以上，年均增速达到10.8%。

2017年，农业部正式设立"数字农业"专项，加快我国农业现代化、数字化发展进程。7月，国务院印发了《新一代人工智能发展规划》。

2019年4月，《全国县域数字农业农村发展水平评价报告》在中国农业展望大会上发布。报告显示，2018年全国县域数字农业农村发展总体水平达到33%，其中农业生产数字化水平达到18.6%。

产业数字化：以数字技术加速产业转型增长

数字农业作为数字经济的重要组成部分，站在 5G 和人工智能等新兴数字技术关口，被国际国内普遍认为即将迎来发展机遇期。美国的《大数据研究和发展计划》，英国的《农业技术战略》，德国的《农业发展 4.0 框架》，均把数字农业作为国家战略重点和技术优先发展方向列入其中。我国也在《数字乡村发展战略纲要》《新一代人工智能发展规划》《数字农业农村发展规划》等重要文件中提出要大力发展数字农业，并进一步对未来一段时间我国数字农业的发展提出了具体的量化指标。

从我国《数字农业农村发展规划（2019—2025 年）》中农业数字化的近景目标看，农业数字化短期有巨大的增长空间。如图 7-1 所示，2018 年农业数字经济占农业增加值的比重近 7.3%，农产品网络零售额占农产品总交易额的比重为 9.8%，到 2025 年均需提高到 15%，提高近一倍；农村互联网普及率到 2025 年要提高到 70%，基本与城市水平保持一致，农村地区的数字化将迎来新一轮发展高峰。从目前的发展情况来看，这一指标将被超额完成。

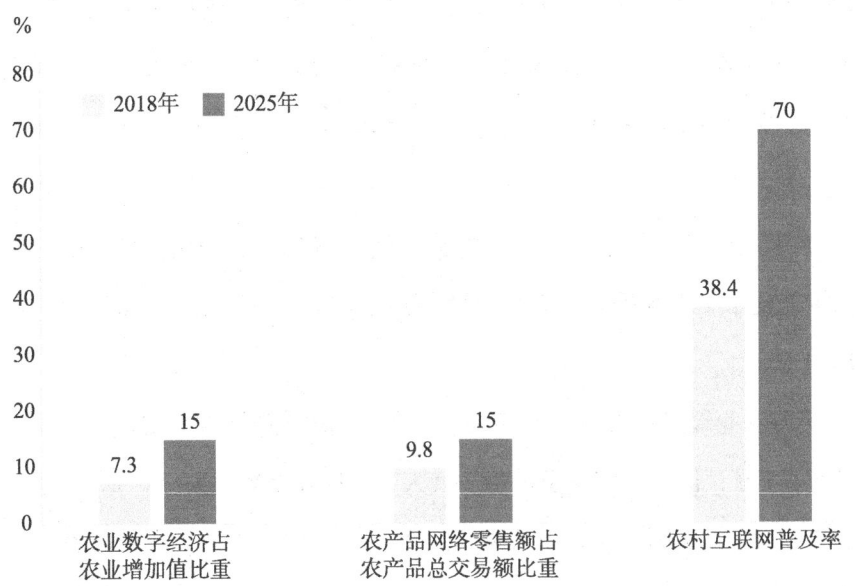

数据来源：农业农村部《数字农业农村发展规划（2019—2025 年）》

图 7-1　我国农业农村数字化发展目标

7.2.2　我国数字农业企业与产品

目前，我国从事数字农业的企业和单位可分为以下六类。

（1）老牌的农业数字化企业，如农信互联、农信通、神州信息、托普农业等。上述企业基本经过十年左右的发展，对行业的认识比较清晰，在政府追溯、监管平台等方面有一定的技术基础。

（2）互联网龙头企业，如京东农村事业部、阿里蚂蚁金融、农村淘、盒马鲜生等。这类企业从农产品销售端入手，着力打通农产品原产地与消费者之间的流转环节。

（3）具备一定资金和资源的创新型企业，如农田管家、慧云信息、佳格天地等。这些创新型企业具有年轻的团队，并且使用的技术更先进，理念新颖，是数字农业领域的生力军。

（4）基础信息服务商，包括中国移动、中国联通、中国电信。这三大运营商作为数字农业的基础信息服务提供者，立足于自身优势，以大平台思维做基础链接和服务整合数字化应用。

（5）以中化集团、中国一拖为代表的传统农资企业。在原材料价格上涨、药肥双减调控等多重压力下，传统农资企业希望借助数字技术实现从农资经销商向农资服务商的转型，远景可期。中化集团的现代农业技术服务平台（Modern Agriculture Platform，MAP）战略示意图如图7-2所示，我们从中可以看出传统农资企业在数字化转型后的巨大变化。

（6）以中国科学院农业信息化研究所、山东农业大学为代表的科研院所。这类院所的农业数字化基础研究做得多且深入，但缺少实际应用推广经验。

从行业应用角度看，我国数字农业企业提供的产品和服务可分为四类：一是农业物联网类，如国家农业信息化工程技术研究中心、北京派得、上海

图 7-2 中化集团 MAP 战略示意图

左岸芯慧、浙江托普等，以传感器硬件为依托，为客户提供整体解决方案；二是农业农村大数据类，如北京佳格天地、北京精禾大数据等，基本处于探索阶段，农业数据获取难、非标、挖掘难，需要较高的数据获取能力和数据分析能力；三是农业社会化服务类，如安阳全丰、农田管家、农分期等，服务方式多种多样，也都处于探索阶段；四是电子商务类，如北京一亩田、杭州安厨电子、美菜网等，这些企业通过 B2B 模式解决了农产品的销售问题。

从服务的作物看，我国数字农业企业提供的产品和服务可分为两大类：一类是针对玉米、小麦、棉花等大田作物，企业主要提供测土配方施肥、深松探测、作业统计等服务；另一类是针对葡萄、香蕉、芒果等附加值高的经济作物，企业主要提供环境监测、长势管理、病虫害管理等服务。

7.2.3 我国数字农业发展的影响因素

根据中国信息通信研究院 2019 年发布的《中国数字经济发展与就业白皮书》的统计数据，在第三产业中，我国数字农业占农业整体的比重约为 7.30%，较 2018 年增长 0.72 个百分点，而工业为 18.30%（增长 1.09 个百分点），服务业为 35.90%（增长 3.28 个百分点）。通过上述数据可以看出，与工业和服务业相比，农业产业不仅数字化水平相对较低，而且数字化速度也相对较慢。因此，农业产业存在更大的数字化提升空间。过去几年，数字农业特别是农产品电商有了一定的发展。但是，与其他产业相比，数字农业对农业增加值的贡献率还很低。综合业内一些观点，我们认为造成这种现象的原因有以下几点。

（1）环境挑战

据估计，受全球变暖、水资源日益短缺的影响，全球大豆和玉米主产区的产量到 2050 年将降低 18%~23%。

（2）消费需求

根据联合国发布的报告预测，2050 年世界人口将达 91 亿人。要为数量更多、城市化程度更高和更富裕的人口保障粮食供应，粮食产量（不含用于生物燃料的粮食）必须提高 70%。谷物年产量需要增至约 30 亿吨，肉类年产量需要增至 4.7 亿吨。未来增产量的 80% 将来自单产和复种指数的提高，只有 20% 来自扩大耕地。

（3）生物燃料需求

各种政策措施推动了液体生物燃料的热潮，预计今后十年甚至更长时期内液体生物燃料对原料农产品（食糖、玉米、油籽）的需求量将继续增长，从而对粮食价格施加上行压力。

（4）效率提升

数字农业技术帮助农场主有效降低了成本，减少了体力投入，同时优化了种子、肥料、杀虫剂及人力等农业资源配置。先进的技术有助于降低能耗和燃料用量。数字技术能够引导农场主巧妙平衡时间与资源投入，以获得最大产量。

（5）分化的农业市场

农业市场是由针对农业价值链的不同环节提供解决方案的小型企业构成的。通过部署仅适用于单一生产环节的解决方案，规模经济难以实现。特别是发展中国家缺乏提供整体农业生产解决方案的农业社会化服务机构，种植者只能从厂家或经销商获得单一产品或技术。

（6）技术成熟度

尽管多项研究显示农业研发和农业开发项目的投资大多有着很高的回报率和较长的回报周期，但是我国仍然面临农业研发投资较少、科研创新能力不足、关键核心技术研发滞后等问题，也有诸多技术和应用上的瓶颈等待突破。

（7）资金需求

要想彻底转变农业生产现有的基础架构与布局，部署高效、可持续的数字农业生态系统，我国需要投入较多的资金。然而，对于我国的农业生产主体来说，部署智能方案的高额成本成为数字农业普及的巨大障碍。

（8）基础数据资源体系缺失

数据是数字技术的基础。当前，农业自然资源、生产等数据缺失。这就需要由政府引导产业在数据的采集和应用方面制定标准、形成共识，以确保操作标准被广泛采纳并遵守。

（9）其他方面的挑战

六成以上的数字农业从业者认为，低覆盖范围和高投资成本是数字农业大面积普及必须首先解决的问题；其次还需要解决部署周期长、资金回收慢、维护门槛高及基础设施不足等问题。

7.3 数字农业的相关技术与应用

在 5G 时代全面到来的大背景下,数字农业技术在农产品种植、生产及销售等领域得到了全面应用。现在,我国多个数字农业相关的跨界共享平台逐步建设完成,农村网络消费增长空间持续加大,数字农业深度融合、多维整合的特点日益鲜明,为实现农业高质量发展夯实了基础。在数字农业技术的赋能下,我国农业高质量发展的需求驱动和创新驱动都更加强劲,数字农业相关技术及其应用已经成为我国农业转型升级的主要驱动力之一。

7.3.1 技术发展加速农业数字化进程

我国农业产业中大多数领域的数字化转型刚刚开始,数字农业相对滞后是当前我国农业发展的大背景。2018 年,我国数字经济规模达到 31.3 万亿元,占 GDP 的 34.8%。但是,与工业和服务业相比,我国农业产业的数字化水平仍然相对较低,并且数字化进程也比工业和服务业缓慢许多。在农业的各细分行业中,数字经济占比从高到低依次为林产品、渔产品、农产品及畜牧产品,均低于大多数服务业和工业。我们认为,农业存在较大的数字化提升空间,主要体现在以下几个方面。

(1)数字技术应用的门槛大幅降低

数字技术应用的成本不断下降。据统计,各类基础设施的采购价格与 10 年前相比均有大幅下降。同时,数字技术的成熟度也在近几年快速提高,并且有越来越快的趋势。

（2）5G应用提高数字农业效率

5G的应用将大幅提升移动网络环节效率。5G商用大面积落地后，将大幅改善当前数字农业中因移动网络基础设施导致的痛点，"5G＋数字农业"将在5G生态万亿元级市场中占有一席之地。

（3）物联网应用使农业生产更高效

物联网技术的应用可以使管理信息系统的数据由人工采集、输入，转变为传感器采集、实时传送到系统。这样可以及时获取关键数据，保证数据的实时性、真实性、有效性、准确性。物联网技术在数字农业生产设施和设备中的广泛应用明显提高了农业生产设施和设备的管理水平，是数字农业的重要基础设施之一。

（4）大数据推动农业高质量发展

大数据技术能够在农业生产的开放系统中收集、鉴别、标识数据，并建立数据库；同时通过参数、模型及算法组合和优化海量数据，为农业生产和经营决策提供依据。农业大数据主要应用于大田作物。例如，在育种方面，通过数字技术，海量的作物基因信息可以在云端被创造和分析，同时进行假设验证、试验规划、定义和开发，这样育种专家就可以低成本、高效率地确定品种的适宜区域和抗性表现。

（5）精准农业促进资源利用更合理

精准农业可以最大限度地优化农业生产投入，在保证农业生产质量的同时避免浪费、控制污染、保护土地资源和生态环境。

（6）数字农业成为农业发展的新形式

数字农业能够打破传统农业落后的面貌，这建立在广泛实践与论证的基础上。数字农业强调智能化的决策，衍生了智慧农业的概念。智慧农业是通过智能化的软件系统，辅以各种物联网硬件实现的。数字农业向模型化、智慧化方向发展，成为农业产业寻求突破的新的发展形式。

7.3.2 数字农业技术应用实现突破

以物联网、人工智能等为代表的各类数字技术为数字农业的建设和发展奠定了基础,并帮助数字农业在多个细分领域实现了突破。

(1) 农业物联网

近年来,农业物联网被我国政府列为九个物联网重点示范项目之一。物联网技术在农业中得到了广泛的应用,一些农业中特有的问题只有使用物联网技术才能解决。基于物联网的数字农业解决方案可以通过实时收集并分析农业生产实地数据、设计并部署指挥机制的方式,达到提升农业生产质量、提高农业运营效率、降低成本、扩大收益的目的。现在,可变速率、精准农业、智能灌溉及智能温室等多种基于物联网的应用在农业生产过程中成功落地实施,极大地推动了农业的产业数字化进程。

(2) 人工智能

人工智能在数字农业中的应用潜力巨大。在种植养殖领域,人工智能能够帮助有效提高产量,减少资源浪费。人工智能还能够分析来自各类试验、实验和设备采集的数据(例如,卫星、无人机和摄像头采集的图像,环境监测设备采集的数据,气温气象数据,以及各类物联网传感器数据等),并帮助确定农业生产中各个流程环节的最佳时间、最佳方式、最佳物料及最佳设备等。

(3) 智能农机装备

依托生物技术、智能农机和数字技术建设的无人农场是支持大面积实现数字农业的实验田和"领航员",而智能农机的应用是实现无人农场的重要环节。随着我国数字农业基础技术的快速发展,智能农机装备的智能感知、精准作业、自动导航和智能管理等水平也显著提高。智能农机装备使用了先进的物联网等数字技术,帮助农场实现精益化生产。从作业手段上,智能农机装备能够促进农产品增产、农民降本增效;从集约化运作角度,智能农机装备能够促进环境资源可持续发展、农业生态良性循环。

（4）智能灌溉

智能灌溉也是无人农场的重要技术之一，其根本目的是提高灌溉效率和减少水资源浪费。智能灌溉通过部署可调、可控、可感知、可分析的数字化灌溉系统来实现这个目标。基于物联网设备和数字技术的智能灌溉系统已经能够实现智能化地根据空气湿度、土壤湿度、温度和日照度等参数，动态计算作物良好生长的各自需求，并完成动态补水、补肥、补药等操作。很多案例证明，智能灌溉系统能够有效提高灌溉效率。技术集成度越高的智能灌溉系统，应用后的经济效益越明显。

（5）智能温室

智能温室在我国已经得到了广泛的应用，并且技术集成度和成熟度正在不断提高。智能温室能够不间断地监测温室内作物的生长环境，如温度、湿度、光照及土壤酸碱度等。在分析和评估环境变化后，系统将通过一系列机电设备的控制，自动进行环境变量误差校正，将环境条件保持在作物生长的最佳区间内。

（6）收获监测

收获监测系统能够定期监测影响农副产品收获的各种因素，并进行一定程度的量化、分析和预测，如农副产品质量、农残药残、收获环境及总收获量等；甚至还可以提供农副产品市场情况的相关数据。这些数据可以帮助农民抓住最佳收获期、收获量，实现降低成本、增加产量、提高收入的目的。

（7）土壤监测

土壤监测系统能够帮助农民监测和改善土壤质量，有效防止因过度使用和不良用肥用药等行为造成的土壤退化。土壤检测是控制土壤质量、实现农业生产可持续发展的重要环节。

（8）农业无人机

使用无人机可以低成本、多维度地完成大面积土地的监测任务，无人机上配备的各类传感器可以低成本地完成大量的数据采集工作。

（9）农产品无损检测

在无损检测技术的支持下，我们能够借助图像处理算法，对农产品的表面尺寸、形状、颜色等外部特征进行分析。这样就可以在不损坏农产品的情况下，实现对农产品各项重要物理及化学指标的判断，最终形成对农产品的评估和分级。

农产品内部结构变化必然会引起物理及化学变化，这些变化一定会反映在农产品的外部特征上，而这些外部特征的变化又一定会呈现出某种规律。这项技术的巧妙之处正是利用了这种规律。

（10）设计育种

种业是国际农业竞争的战略高地。设计育种是融合了农业育种与生物信息、大数据、人工智能等前沿学科的领域。其中，作物分子设计育种是未来竞争的主阵地。人工智能设计育种能够创建智能组合优良等位基因数量、性状、位点的育种设计方案；通过基因测试整合遗传变异数据，实现作物性状调控基因的快速挖掘与表型精准预测；通过基因编辑改造基因合成回路，使作物具备新的抗逆、高产等生物学性状。

（11）植物工厂

植物工厂通过物联网采集温室内实时环境数据，利用大数据分析和人工智能进行智能化调控、精细化施肥，可达到提高产量、改善品质、节省人力、提高经济效益的目的。

7.3.3 先进数字农业产品应用举例

全球数字农业领先的国家都非常重视农业技术研究，同时也会因地制宜走出适合自身情况的数字农业发展路径。在此，我们选择了一些有特点的案例进行介绍,帮助读者理解数字技术如何赋能农业产业。

(1)农业管理系统

杭州云合智联科技有限公司建立了以农场主为中心的服务体系,融合农业科技和数字技术,开发了一种农业管理系统。该系统能够为农场主提供基于作物和商业洞察的种植方案,引导农场主平衡时间与资源投入。这就能够帮助农场主有效地降低生产成本,增强综合生产能力。

在种植环节,农业管理系统依靠物联网和人工智能实现智能排产、智能监测、智能作业,进行农产品的差异化生产。在生产管理环节,农业管理系统通过大数据与人工智能进行经营决策的数字化制定,实现可预测、可调整、产量和质量并重的种植生产。

(2)病虫害监测预警

在传统农业中,病虫害的防治一直采用人工观察、定点捕捉、经验分析等方法。这些方法因为时间滞后、主观性强、准确率低,所以无法满足宏观病虫害的防治预警的要求。现在,国内外出现了多种采用数字技术进行病虫害监测预警的方案。

美国 Data Robot 公司与孟山都公司共同研发了一种图像识别算法,用于检测和分类植物害虫与疾病。经实验测算,其准确率可达 95.7%,在识别速度和准确率上都大大超过了传统手段。

杭州云合智联科技有限公司利用无人机携带多光谱成像传感器采集植被信息,运用图像识别算法准确监测和判断植物病虫及健康程度,30 分钟可完成 300 亩农作物检测,精确度高达 95%。

(3)农业机器人

农业机器人的种类众多,发展前景广阔。从理论上讲,农业生产中各种需要人工劳作的场景都有应用农业机器人的可能。之所以还没有得到应用,是因为受到技术和成本的制约。然而,随着数字技术和工业设计水平的发展,这些问题终将得到解决。现在已经出现了很多能够完美替代人工劳作的农业机器人。

①嫁接机器人

对于西瓜、番茄等一些具有重茬病害的作物来说,种苗嫁接是实现低成本持续种植的重要方法。但是,种苗嫁接面临用工难、成活率难以保证的问题。日本的 TGR 研究院研发了一款智能机器人,专门用于葫芦科作物的嫁接工作。该款机器人可以自动分辨适合嫁接的幼苗和有缺陷的幼苗,并跳过有缺陷的幼苗对适合的幼苗进行嫁接操作。实验数据显示,这种嫁接机器人的接枝成活率可以达到98%。

②除草机器人

农田杂草与农作物竞争空间及养分,有些杂草甚至还是农作物病虫害的宿主。长时间使用除草剂会让农田产生土壤板结、杂草抗逆性等问题,用人工除草也不现实。除草机器人利用机器视觉技术识别土壤和植物,经过去除土壤背景、苗草分离、定位目标及铲除杂草等步骤,可以实现不间断的除草作业。

③采摘机器人

人工采摘水果的成本太高,作物集中成熟期还会面临人工短缺等问题。比利时 Octinion 公司开发的草莓采摘机器人采用 Dribble 自主平台,无须对种植设施进行改造即可实现温室内导航,利用机器视觉系统精准判断草莓的成熟度,3 秒左右即可完成一次采摘,采摘和分拣质量与熟练工人相近。

④无人驾驶拖拉机

2016 年,凯斯在 Magnum 和纽荷兰 T8 大马力拖拉机的基础上升级改装的自动驾驶拖拉机可以自主作业或与传统农机协同作业,可以通过雷达、测距激光和视频摄像头侦测并避开障碍物,自主或手动规划路径,远程控制监测拖拉机和农具在作业燃油或种子耗尽前自主回到基地进行补给。

⑤播种机器人

美国发明家大卫·杜赫斯特(David Dorhout)研发的智能播种机器人

Prospero 能够通过安装在机械臂上的探测设备获取土壤信息数据，通过内置算法得出最优播种密度，自动调校播种设备的各项参数并完成播种。不同的 Prospero 机器人还可以编队作业，大大提高了作业效率。

（4）畜牧养殖

加拿大 Cainthus 公司的一项解决方案通过农场的摄像装置获得牛脸及身体状况的图像信息，通过图像分析算法的深度学习，能够实现对牛的情绪和健康状况进行自动分析，从而判断牛的身体状况。

荷兰 Connecterra 公司的一项技术可以通过奶牛身上的可穿戴设备，结合固定探测器收集的数据，实现对奶牛的健康分析、发情期探测。

7.4 数字农业的发展环境与趋势

农业是我国国民经济发展的基础，同时也是国家战略安全的重要保障。近年来，农业资源和需求之间的矛盾不断凸显，如何利用有限资源满足更多人的需求，成为我国亟待解决的问题。在数字经济快速发展的背景下，大力发展数字农业成为解决上述问题的有效途径。数字农业是数字经济范畴下用数字化重组方式对传统产业进行变革和升级的典型应用之一。在我国发展数字农业也有自身独特的环境与问题，同时也逐渐形成了与欧美国家不同的发展趋势。

7.4.1 我国数字农业的发展环境与问题

从我国农业产业中不同行业的数字化水平来看，农作物种植的数字化水平为16.2%，设施栽培为27.2%，畜禽养殖为19.3%，水产养殖为15.3%[①]。可以看出，数字技术被率先应用在了农业中经济效益较高的行业。我国数字农业发展环境大致可以总结为以下三个方面。

（1）数据获取的实时性是数字农业的基础

物联网设备在农业中的广泛应用可以很好地解决数据获取的实时性问题，可变速率、智能灌溉、智能温室、精准农业及无人农场等多种数字农业应用场景将推动我国农业数字化的整体发展进程。数字农业技术可用于解决农业中很多特有的问题。

（2）决策辅助算法能有效提升决策效率

物联网设备应用于数字农业，将有大量设备接入并生成海量的云端数据。使用人工智能技术，以动态关联的视角深度挖掘这些数据之间的关系和隐藏价值，能够帮助决策者发现隐藏因素、排除干扰、厘清各种关键因素之间的逻辑关系，从而及时做出科学有效的决策。

（3）发展潜力巨大，促进农业生产变革

数字农业能够明显缩短农业相关研发的进程。很多案例证明，在实验室和实验田中，数字农业的相关技术能够帮助更快、更好地培育植物基因，创造更安全、更高产的农作物品种。

在上述发展环境下，我们也看到了很多亟须解决的问题。

（1）重硬件，轻软件

很多地方政府和建设单位经常把数字农业与农业机械化的概念混淆。在农业中使用没有数据和软件驱动的基础设施及物联网设备，与传统的机械化农业没有本质的区别。只有下功夫建设软件平台、统一数据标准、共享数据资源，才是真正意义上的数字农业建设路径。

[①] 数据来源：农业农村部信息中心发布的《2019全国县域数字农业农村发展水平评价报告》。

（2）有采集，没应用

农业数据是数字农业的基础资源。近年来，各地政府与建设单位大多在数据采集上投入重金。然而，由于缺乏明确的数据业务化应用方向和必要的数据运营能力，大多数政府部门没有对采集的数据进行有效的质量控制、系统分析、分类加工和建模应用。数据的采集与应用是一个双向互动、彼此促进的过程，只有不断尝试挖掘数据背后的价值，才能建立并通过修正形成更有效的数据采集方法和渠道。

（3）数字化程度高，经济化程度低

我国数字农业的大部分应用分布在农业生产和农副产品销售环节上，并且生产和销售环节严重脱节。目前，我国农业产业数字化不完整、不通畅，很多环节难以单独产生明显的经济效益，数字化和经济化程度不匹配。例如，很多实验田中大量配备了物联网设备，作物生长过程中数据采集密度很高，但未能直接转化为经济效益，导致大多数物联网设备因没有费用维护维修而逐渐被搁置、废弃。按照设想，这些维护维修费用应该从市场端得到支持，如提高农产品品牌议价等。未来还需要政府引导打通最后几个关键环节，最终实现农业全产业链上的数字经济高效运转。

（4）场景挖掘不深，服务能力不足

近年来，农业数据服务企业屡见不鲜，甚至很多企业受到了资本的青睐。但是，这类企业普遍存在对用户的服务能力不足的问题，用户认可度较低，市场开发困难。一项数据产品的服务能力严重受制于其与农业生产场景的契合度和数据质量。随着服务团队的专业性不断提高，以及高价值数据的不断积累，数据服务的实用性也会逐渐提高。农业数据服务企业不能只做表面文章、形象工程，只有深挖农业生产应用场景，坚持创新和迭代数据服务产品，才能扎根于这个庞大的农业数据服务市场蓝海。

（5）区域发展不平衡

根据近年来的一些相关统计，北京、新疆、黑龙江等北方地区的农业数字化建设起步较早，基础较好，数字农业发展水平也明显高于其他地区；华东、华南部分地区相对来说起步较晚，基础较薄弱，如上海、江苏、广东等。

（6）科研力量分散

数字技术的研发是一个地区数字农业发展的重要驱动力。近年来，在地方政府或国家项目的支持下，很多地区都建立了数字农业相关科研机构，但是普遍存在重复建设、人才聚集度不足、研究课题缺乏统一规划调度、科研力量分散等问题。尤其是一些基础薄弱的地区设立了多个科研机构，而本地科研机构之间经常出现项目申报相互竞争的现象，这应当是各地政府要着力避免的。

（7）自主研发较少

一些地方政府在规划本地数字农业研究发展方向时，仍然存在一定程度的盲目照搬、缺乏论证规划、与实际需要脱节等问题；在发展的过程中要求短期见效，倾向技术引进，忽视本土人才和技术的培养，导致自主研发的技术较少，技术发展根基不稳、后劲不足。

（8）跨地区交流合作不足

发展水平相对较高的地区往往更关注与发达国家和机构的合作，而忽视了国内合作的意义和重要性。而刚刚起步建设数字农业的地区往往因对外合作交流不够，容易陷入信息闭塞、发展缓慢的窘境。

针对以上问题，关于我国应如何发展数字农业，我们给出以下三点建议。

（1）着力发展地域特色

近几年，上海提出并实行的都市型数字农业是我国非平原地区数字农业发展创新的一个典型案例。虽然该方案是根据本地特色制定和执行的，不具有广泛的适用性，但其中部分内容，特别是一些基础性技术具有相当的借鉴和参考意义。此外，我国山东和南方丘陵地区可能不太适用大规模智能化机械作业，但可以根据本地区的特点建设数字化养殖小型农场或数字化温室，目前也已经有相当数量的此类案例落地。

（2）鼓励各地联合互补

信息化、数字化基础较薄弱的地区应当主动考察和锚定先进地区，采用技术联合互补的方式谋求发展。我国也应从宏观上鼓励这类跨地区的农业数字化合作项目。数字农业的内容包罗万象，我国应当根据当地的实际需要，结合科研基础，对各类研究课题和落地项目进行合理分配，集中有限的人力、物力、财力资源开展自主研发，同时也应鼓励本地的各科研单位之间优势互补、统一调度、统一规划、共同发展、共享研究成果。在这方面，安徽省的科研联合措施值得借鉴推广。

（3）要求先进帮扶后进

我国发展数字农业的最终目标，一定是实现全国范围的数字农业，将农业真正融入数字经济圈层。目前，我国数字农业发展区域失衡，这就需要加强各省市之间的交流合作，尤其是数字农业强省对弱省的帮扶，以此实现全国数字农业发展一盘棋。

7.4.2 发展数字农业的作用和意义

发展数字农业，首先能够为我国农业生产技术和管理理念带来颠覆式的进步，其次能够为我国农业产业的经营带来从方法到理念的升级，同时还将对我国农副产品市场和消费观念产生极大的影响，最终将促使我国农业产业链从生产流程到产业生态、再到市场格局的重构。当然，农业具有自身的特点，我国在利用数字技术对农业进行改造的过程中要充分尊重农业自身的规律，有选择、有规划、有步骤地应用数字技术，如此才能真正利用数字技术提升农业生产水平。

（1）数字农业促进农业企业组织化、集约化、规模化

我国农业存在耕地分散、生产规模小、时空差异大、集约化程度差、可控程度低等情况，不仅影响先进技术的推广运用，还造成了经济效益低、劳动力资源外流等问题，严重制约了农业产业的创新发展。尽管各地政府积极应对这些问题，但长期以来难以有效解决。数字农业相关技术的推广应用能够打通农业生产决策、田间管理、产品加工及营销推广等环节，使中小农户能够低成本、高效率地融入全国市场，从而在经济效益这个根本问题上找到解决上述问题的突破口。

（2）数字农业实现农业生产的精准决策、精细管理

将数字技术引入农业生产全流程，能够大大提高资源利用率，帮助农业生产开源节流、降本增效，促进农业产业全要素的效率提升。

（3）数字农业构建全新农业产业生态体系

在农业数字化转型过程中，大量有用的农业数据被生产、采集、分拣出来，如生产主体、资源区划、产业分布、产品品种及市场信息等。依托这些数据产生的数据服务和数字化产品不仅可以服务于农业生产、经营过程，还可以应用和服务于工业、金融业等其他相关产业。

数字农业与工业的融合产生了工业物联网系统，扩大了互联网基础设施的覆盖面，还促进了农业机械智能化。总之，数字技术在农业产业的广泛应用大大促进了农业产业链的延伸，形成了一个以物联网设备和数字技术为底座、以农业生产为场景、以数据服务为延伸、以金融为杠杆的全新的产业生态体系。

7.4.3　数字农业的发展趋势

产业数字化是农业发展的必然趋势，数字农业必将带来更高的生产效率、更公平的价值分配、可持续的发展模式。从农业全产业的角度看，结合我国的

基本国情，我国数字农业的发展将主要呈现以下六大趋势。

（1）数据供应向定制化发展

数据资源是发展数字农业的基石。但是，目前我国的数字农业数据采集成本仍然较高，数据质量较差。随着数据思维的深入人心、农业物联网的升级换代、公共数据的不断开源，以及从业者水平的不断提升，数据采集的显性成本将显著减少，数据质量也将不断提高。未来，所有农副产品品类和农业生产组织都将拥有定制化的数据供应系统，以及与之配套的软件平台和硬件设备。同时，云端数据仓库的数据资源也将随着拥有者和使用者的数字化能力提升，更好地服务于农业产业链，通过交换、融合或再生不断被挖掘更多的价值，实现农业产业链的数字化驱动。

（2）数据模型向国产化发展

不断挖掘数据价值是数字农业乃至数字经济发展的底层逻辑。外国企业可以把平台和设备卖给我们，却不会向我们开放后台系统，更不会向我们透露底层算法和模型，因为那些才是真正实现数据价值的核心技术。近年来，国际上的科技竞争愈演愈烈，引进国外先进科技成果的难度加大。在这种形势下，我国大力推进本土农业科研成果的产业转化，农业与数据科学的跨界合作不断深入，实现数字农业产业核心算法和数据模型的自主研发已是大势所趋。

（3）农业机械向智能化发展

各大农业机械生产厂商在不断利用数字技术为农业机械升级，使其更适应数字农场、数字农业的场景需求。而且，有很多厂商已经实现了从机械制造商向解决方案服务商的转型。

（4）产业链向云端化发展

现在，农业产业各环节的数字化程度不断提高，智能农机与智能软件系统已经开始应用于农业生产和经营中，农业产业链正在不断地网络化、虚拟化、数字化，在云端迅速地进行生产经营过程的数字化映射。农业产业链的数字化将极大地消除信息不对称，提高产业的整体效率，同时挖掘更丰富的需求和场景。

（5）供应链金融向普惠化发展

供应链金融能够通过优化资金流促进农业产业健康快速发展，在我国农业产业中小型农户和中小企业占比高的情况下尤其如此。现在，数字技术为供应链金融在农业产业中的普惠化提供了先决条件，而农业产业数字化带来的信息透明化和信用可追溯也为金融风险的分析及管控提供了有力支持，不仅使融资成本大大降低，融资效率明显提高，而且促使行业中出现了众多新颖的普惠金融产品和服务。

（6）数据使用向秩序化发展

无论是作物数据、养殖数据、环境数据还是企业经营数据，都是反映农户生产经营状况的重要信息。数据在带给产业动能的同时，也面临被滥用的风险。因此，数据安全是数字农业健康有序发展的基本保障。我们相信，随着数字技术的高速发展，各类数据平台系统的安全性将不断得到增强，数据权属问题也将随着实践的积累和法律的完善而得到解决，数据的采集、存储和使用都将更加安全、有序。

第8章

数字化助力服务业提质增效

随着互联网、移动互联网及云服务等数字化基础设施的建设与发展，金融、物流、贸易、交通、医疗及教育等第三产业纷纷投入数字化浪潮中，服务业数字化转型势不可挡。数字经济与服务业的深度融合使我国居民，特别是有关城镇居民生活服务业的数字化水平快速提高，不仅便利了居民的生活，推动了服务业及相关行业变革，也为数字经济高速发展提供了广阔的市场，更为我国国民经济高质量发展提供了持久的动力，并且将为实现建设全国统一大市场的伟大目标贡献巨大力量。

8.1 数字金融

数字金融即金融行业数字化后的状态，是传统金融服务业经过数字技术及互联网改造后的新金融服务。根据常规的产业结构分类，数字金融包含互联网支付、移动支付、网上银行、网上贷款、网上保险、网上基金及金融服务外包等，对数据、数字的分析与审核是其主要特征。数字金融的发展可以概括为三个阶段。金融电子化是数字金融的第一阶段，主要特点为 IT 技术的后台应用。互联网金融是第二阶段，主要特点为前端服务渠道的互联网化。数字金融是第三阶段，强调全流程科技应用变革，覆盖业务的前、中、后台。

8.1.1 我国数字金融的发展现状

中国社会科学院信息研究中心秘书长姜奇平先生认为，我国金融行业的发展时间较短，金融市场发育尚不完善，特别是对社会资源配置作用明显的证券市场。与美国等金融行业发展水平较高的国家相比，我国金融行业的出路必然是走实体经济与金融行业数字化融合发展的道路。2020 年以来，我国经济受到巨大的冲击，以线下为主的传统金融服务受影响严重，这就倒逼金融服务机构加快数字化进程。大数据、人工智能、区块链、5G 等数字技术在上述方面的发展中起到了至关重要的作用，主要集中在三点。

（1）数字科技领域智能化服务需求激增，线上服务、智能风控、服务创新成为主题，催生新业态和新模式

由于新冠肺炎疫情的影响，传统的银行柜台、证券公司柜台等线下业务受到很大的冲击，这导致传统金融机构的数字化转型大幅提速。近年来，随着数字技术的逐渐成熟和广泛应用，通过线上应用场景可以完成大部分的金融活动，包括线上获客、智能风控、数字营销及智能客服等。近几年，央行也做了一些创新，如试点远程开户，极大地便利了线上金融服务的推出。数字科技公司为金融机构提供技术中台、数据中台、移动中台、业务中台及开放平台等核心应用的数字科技解决方案，帮助中小银行等金融机构更好地服务企业和个人客户。在线上服务、风险管理及场景创新方面，科技公司与银行合作的优势已经越来越明显。

（2）消费金融领域的线上业务激增，市场主体加速兼并合作，开放整合成为唯一出路

受新冠肺炎疫情影响，很多新的业态也涌现出来。线上医疗、线上教育、线上办公创造了更多的数据，这些数据反过来为数字化风控等数字科技的发展提供了支撑。在消费金融领域的发展规划中，"以客户为中心"将成为科技企业的发展宗旨，并应用于多元服务场景。各行各业正在通过融合挖掘新的场景，推动存量市场加速整合。科技企业与金融机构合作，可以通过输出线上用户洞察、线上运营、实时风控助力金融机构数字化转型。数字技术与具有牌照优势的传统银行结合，必将形成很多创新。

（3）支付领域的无接触支付需求暴增，数字人民币顺势而出

在支付领域，对新冠病毒的防范和智慧城市的快速发展成为无接触支付需求暴增的主要原因。

零售行业受到新冠肺炎疫情的影响最直接，其应用无接触支付的需求也最迫切。同时，在智慧城市场景中，无接触支付将会发挥巨大的作用。目前，各行各业呈现线上线下全面数字化、智慧化的发展趋势，很多传统的制造业和商店都在积极地进行数字化改造，无接触支付就是其中的重要环节。

在此大背景下，数字人民币顺势而出。2019年底，数字人民币陆续在深圳、苏州、成都、雄安新区及后来的冬奥场景开启试点测试。2020年10月，试点测试地区增加了上海、海南、长沙、西安、青岛及大连。目前，数字人民币的试点范围持续扩大，应用场景越来越丰富。

8.1.2 数字金融的底层技术

大数据、云计算、人工智能及区块链等数字技术之间并非彼此孤立，它们相互关联、相互促进、相互融合。未来在技术交叉和融合区域将产生越来越多的技术创新。尤其是在金融行业的具体应用落地方面，金融云和金融大数据平台一般都是集中一体化建设，人工智能的相关应用也会依托集中化平台来部署实现。数字技术发展正在形成新的融合态，推动数字金融进入新的发展阶段。

（1）算法+数据

Pascal之父、图灵奖获得者尼古拉斯·沃斯（Nicklaus Wirth）提出了一个著名的公式：程序=算法+数据结构。这个公式深刻地揭示了程序的本质，将其泛化，可以得出公式：数字科技=算法+数据。现在的大数据征信、监管科技、数字货币、智能投顾等数字科技，实质上都是算力突破拐点之后实现的"算法+数据"的应用。数字资产正是"算法+数据"综合应用的典范，资产数字化的根本要求是技术手段足以保障原生数据的可靠性。

（2）密码技术

商业银行的账户可以称为传统金融业务的核心。而现在，一个基于公钥基础设施（Public Key Infrastructure，PKI）的公私钥体系实现了商业银行账户体系的升级，可以说这是金融史上的一个里程碑。

（3）区块链技术

互联网已经基本实现了人与人的连接和信息传输，其覆盖率、覆盖粒度及传输速率还将继续提高。但是，考虑到电子数据特有的易删除、易修改与易复制的特性，现有的网络安全技术及管理制度难以实现互联网上高价值数据有效、安全、快速流通的需要。因此，经济社会的价值连接和传输依然要依赖金融服务。此外，由于数据所有权难以界定等原因，目前的数据仍以国家或机构为界，形成了数据孤岛，数据池之间难以实现有效互通。

区块链技术带来了一种崭新的价值连接和传输范式，让现有的金融服务涉及的各个参与方能够打破数据孤岛，在高数据安全、低交易成本、强风险控制环境下实现价值的传递。因此，区块链技术备受关注，承载了人们的很多梦想，获得了资本和产业的追逐。但是，区块链技术只给我们提供了一种思维方式和可行的技术路线，真正具有颠覆性的应用的诞生不仅需要资本的投入、社会的关注，更需要技术的不断成熟迭代、制度的不断进步和应用案例的大量试错累积。这就要求区块链从业人员能够沉淀下来，认真分析并探索改进区块链技术的不足之处，踏实地解决具体问题。例如，如何实现链外环节的认证和追溯，如何将智能合约与书面合同和现行法规相结合，如何设计适合区块链的实施标准及监管机制，等等。

我国是人口大国、互联网大国、工业大国，也是数据大国，还是世界的工厂、世界的市场。怎样发挥规模和体量优势，把积累的大量数据资源转化为有价值的数据资产，为实体经济服务，最终推动社会经济突破瓶颈？这正是我国数字科技领域的难题和痛点，同时也恰恰是资产数字化、金融数字化可以解决的问题。

区块链技术无疑是新一代数字金融基础设施的技术雏形，可以为现存金融机构尚未触及的底层实体"加持"信用，同时降低交易成本、增进相互协作。对于信用和贷款资源一直不能及时惠及的广大中小企业和边缘群体而言，这将打开一个全新的局面。这是一个存量巨大且尚未良好开发的市场，开发和激活这个市场对于我国的经济发展具有重大的意义。

8.1.3　数字金融的发展展望

2022年先后印发的两份关于金融业数字化转型的重量级指导文件——中国人民银行的《金融科技发展规划（2022—2025年）》和中国银保监会的《关于银行业保险业数字化转型的指导意见》，对金融机构数字化转型提出了明确的目标和要求。虽然存在风险与挑战，金融业仍在加快数字化转型的步伐，并且得到了社会各界的大力支持，数字金融的发展趋势越来越明确。

（1）数字金融有利于实现真正意义上的普惠金融

数字金融体系与传统金融体系存在巨大的差异。资产数字化的本质是对资产赋予数据的属性，而数据是原生的，不仅可以实现资产流转全流程的穿透和追溯，并且可以被自证与他证。数字金融体系以数字资产为核心，同样就有了新的特征：一是数字身份由用户自主掌控；二是数字资产由用户自主掌控，而且用户承担交易责任；三是点对点交易可以独立于第三方中介机构，直接在用户之间实现。具备以上特征的数字金融体系既可实现自律，也可实现他律。以底层信息被充分披露为基础，数字金融是实现个人隐私高度保护的数字科技体系。每一个数字资产用户都在生产数据，同时也在创造数字资产，这将为数字金融服务的创新提供广阔的发展空间。

（2）数字金融有利于实现金融一体化

数字金融的发展将进一步消融场内与场外之间的边界，从而实现金融一体化。从某种角度分析，目前市场出现场内、场外分层问题的主因之一就是技术上的可信程度达不到要求。传统技术仍然无法完全解决金融交易间的信任问题，因此导致许多交易要在有组织的场内市场开展（当然也有规模经济的因素)。此时,信任问题就需要通过国家或业界认可的第三方保障来解决。随着现代数字技术的发展,技术可信可以作为法律增信的补充手段。由于可信技术的赋能,数据与价值由原来分处"两张皮"真正聚合成物理与逻辑一体的数字资产。因为数字是价值,价值是数字,数字的流转就与价值的流转完全对等。任何资产均可通过可信技术实现数字化,进而流转起来。实现这个过程并不完全依赖法律增信,此时场内、场外的界限也就不再存在。

(3)数字金融支撑数字法币与数字资产发展

缺乏价值支撑是虚拟货币正在试图弥补的根本缺陷。从缺乏基础资产支撑的比特币,到由于监管部门的介入而对法币的价值锚定得到增信、基于法币抵押的稳定代币,再到JPMCoin、Facebook Libra的出现,虚拟货币不合规和价值不稳定的问题正在逐步得到解决。这个进程被称为"去虚拟化",其实质是虚拟货币的价值在锚定央行货币。该进程进行到一定程度后,将需要重新对加密货币与虚拟货币的概念进行定义。加密货币将不再一定是虚拟货币。从实际应用的角度看,我们也十分有必要对加密货币和虚拟货币加以区分。在频繁实践的推动下,加密货币将有可能成为真正意义上的货币。在货币层次视角下,加密货币不一定是M0,也有可能是比银行存款更高层次的货币——Mn。与M0相比,M1、M2……Mn等高层次货币的数字化在应用乃至颠覆性上更有发展空间。

(4)数字金融对金融监管的要求更高

风险防控和合规管理一直是金融行业的主旋律,更是数字金融创新的前提条件。未来一段时间内,面对数字金融带来的挑战,数字金融监管需要更注重平衡预防风险和鼓励创新之间的关系,将从传统监管模式下的"先发展,后规范,再集中整治"的模式转变为现代金融监管模式下"边发展,边规范,边整治"的模式。而且,数字金融监管将探索形成"鼓励金融创新、实时防范和控制金融风险"的动态的监管机制,这将使金融监管更依赖数字科技的发展和应用。因此，监管科技将是数字金融的重要组成部分，监管科技的应用将带来监管理念、手段和方式的不断升级。未来的金融监管将逐步完成从分业监管向跨业监管、混业监管转变，从事后审核式监管向实时动态监管转变，从隔离式监管向整合性大数据分析监管转变。

8.2 数字物流

数字物流运用数字技术支持整个物流服务产业链的运行、经营和管理，并且在数据层面有效衔接和组合各个业务环节的执行单位，为物流产业链的协同运行提供支撑。其中，数字技术是数字物流服务的提供者、优化者、组合者。

所谓提供者，就是数字物流以数字技术为用户串联物流服务产业链上的各个环节，为用户提供适用的解决方案，并实时收集各类信息提供给数字物流平台，以实现评估、监控、回溯等系统功能。

所谓优化者，就是数字物流可以促进物流服务向标准化、高效化、自动化、可追溯、可定制、可融合及安全可控的方向发展。

所谓组合者，就是数字物流可以在用户之间寻求多种组合的服务方案，通过多接口、多用户、跨区域及无时限的物流服务平台整合各个用户需求，并匹配和组合出最佳运行方案，从而提高物流资源的使用效率，满足大多数乃至全部用户的物流需求。

8.2.1 我国数字物流的发展现状

2019年7月28日，交通运输部印发的《数字交通发展规划纲要》（简称《数字交通纲要》）中提出：以数据链为主线，加快交通运输信息化向数字化、网络化、智能化发展。同年8月8日，国务院办公厅发布了《关于促进平台经济规范健康发展的指导意见》（简称《平台经济意见》），这是首次由国家层面以指导意见的形式表示支持平台经济。短时间内，《数字交通纲要》与《平台经济意见》两份政策文件相继出台，分别从行业发展及平台经济角度为数字物流的发展指明了方向。

两份政策文件从不同的站位和角度，分别为数字物流平台的建设与发展做出了指导。前者为物流行业的数字化发展提出了明确的目标；后者则从宏观层面表明了对平台经济的支持态度，以及对如何促进数字物流平台的规范发展提出了指导意见。政策文件发布后，行业内纷纷围绕政策文件进行分析，普遍认为物流平台发展需要实现从平台到生态的演变。

《数字交通纲要》中特别提出加快物流信息平台差异化发展，这就肯定了物流平台在数字物流行业发展中的重要作用。物流平台从最初为货主与司机两端提供信息撮合及交易业务，通过对物流运输组织和用户终端实现数字化来提高效率，到根据《数字交通纲要》中指出的发展路径逐步实现物流服务全过程的数字化，提供全程可监测、可追溯的一站式物流服务。这就使物流平台的角色从服务核心逐渐演变为物流产业生态的核心。

物流平台坐拥着巨大的流量入口，以海量的大数据为生产资料，以数字技术为生产力，将会逐步形成更大的开放生态体系。物流与金融保险、能源、汽车制造及维修等上下游行业的融合将整合更多资源参与其中，通过更密的网络协同、更大的技术平台颠覆整个物流行业的运行模式，也促成了物流平台向着物流产业生态演化。

需要注意的是，在数字物流的发展过程中，我们不应忽视行业监管的新变化。《平台经济意见》中再次明确了"包容审慎"的监管基调，要求平台经济新业态的发展应为所在行业的发展营造良好的环境。"数据技术＋监管"将替代传统监管方式，实现以网管网、以数据管数据、线上线下一体化；监管机制更加强调跨部门协同及以信用为基础；监管体系将呈现"多元共治"的特征，发挥多部门协同的监管优势和各类社会组织在行业规范自律方面的作用，逐渐形成集监管、防控、威慑及自律多维度的一体化。

数字物流平台的规划和建设主体应对严守安全底线有更清晰的认识。发展壮大后，平台还应当注意避免出现"挟数据自重""挟用户自重""挟市场自重"的情况。

8.2.2 数字物流的相关技术

随着国际金融危机对贸易商等物流行业服务对象的影响不断加剧，物流服务企业不得不将数字技术作为战略发展的核心。先进数字技术的应用换来的是企业核心竞争力。同时，在国家政策的支持下，企业、第三方物流、物流服务商的数字化水平将获得长足的发展。随着物流业务量的激增及对服务质量要求的不断提高，用户对物流行业有了越来越高的期待：物流设备与技术必须更加先进、易用；物流作业必须更加高效、安全；用户体验必须更加平滑、及时。数字技术的发展及其在物流行业的充分应用，又为物流行业的快速发展提供了保障。未来将是数字物流获得飞速发展的时期，现代物流的发展必须以数字物流相关技术的发展为核心。

我们通过对数字物流相关技术的调查和研究发现，近几年很多技术迅速发展，形成了比较系统和完善的体系。很多技术已经广泛应用在生产实践中，比较突出的有包装技术、装卸技术、线路优化技术、循环取货（Milk Run）技术、GIS 和 GPS 技术、条码与自动识别技术、POS 系统与物流 EDI 技术、过程控制技术及物流自动化技术等。上述技术最大的共同特征是软件平台、数据模型、智能算法与硬件设备（特别是终端设备）高度融合，不同应用场景的需求各异、解决方案类型多样，在落地层面大多是为用户进行全套的定制化开发和建设。这些技术的开发和应用实践创造了大量需求，大大推动了我国数字经济的发展。

8.2.3 数字物流发展展望

2020年5月14日，中央政治局常委会会议在复工复产取得重大进展的基础上，首次提出了构建国内国际双循环相互促进的新发展格局；随后提出了未来发展的出发点和落脚点应当是满足国内需求，加快构建完整的内需体系，着力打通各环节，包括生产、分配、流通及消费。物流作为保障民生的重要行业，其数字化需求越来越明确，并且在近几年的发展中逐渐展现出以下现象。

（1）人口红利消失，劳动密集的物流行业亟待数字化转型

随着我国人口的老龄化程度日渐加剧，劳动力人口的占比持续下降。2021年11月第七次全国人口普查数据显示，全国60岁及以上人口占比为18.7%，较2010年第六次全国人口普查上升了5.44个百分点。另外，国家统计局数据显示，2019年交通运输、仓储和邮政业城镇单位就业人员平均工资为97050元，较2018年上涨了9.7%。由此可见，以往依托"人海战术"推动发展的模式已逐渐无法长久有效，物流行业实施科技转型变得尤为重要。

（2）政策频频出台，鼓励利用数字技术优化空间

数字技术应用带来的是资源的优化配置，降低了产业链的运营和管理成本。在智慧化物流发展阶段，数字技术如云计算、物联网、人工智能等开始广泛应用于物流行业的各个环节，为数字物流提供底层技术支持。其他数字技术也可产生协同效应，信息共享贯穿物流行业的各环节，运作效率进一步优化。近年来，我国也密集发布了相关产业政策支持文件，物流行业的数字化建设得到了持续推动。同时，资本市场对数字物流显著看好，这为物流行业的数字化提供了源源不断的动力。

（3）企业日渐重视数字技术应用，降本增效是全行业的一致目标

数字技术源源不断地涌入物流行业，掀起了一股狂热的科技浪潮，物流企业巨头均在数字化转型中投入了大量的资本。毫无疑问，数字技术的加入颠覆了现有的物流行业布局，智慧化、数字化已经是物流行业发展的大势所趋。这些数字技术也在很大程度上降低了社会物流成本，让物流行业成为实体经济的利润担当，帮助物流企业转型升级。当前已有多家企业在数字物流的各细分板块进行布局，未来数字物流将会伴随生产消费各个环节的发展而进一步迭代更新。

数字技术的深度应用为物流行业带来了广阔的发展与创新空间。不同的技术在不同的场景中融合发展，在传统物流、即时物流与冷链物流领域演化出不同的发展路径。相比管理技术革新，数字技术带给传统物流领域的更是业务思维上的革命。

在即时物流领域，一批配送平台被O2O行业的发展带动起来，如美团外卖、百度外卖、达达配送、蜂鸟专送等。众包模式凭借广泛的社会运力基础和高效的资源配置能力脱颖而出，成为普遍的选择。

在冷链物流领域的各个细分市场上，物流企业的业务在数字化程度不断提高的前提下逐渐融合交叉，一方面呈现出综合化的趋势，另一方面又存在专业化的特点，促进整个行业的资源配置效率不断提高。

8.3 数字贸易

数字贸易是依托互联网和数字技术，在跨境、研发、生产、交易及消费活动中，以数字订购或数字交互方式实现的货物贸易、服务贸易和跨境数据贸易的总称。它不仅包括基于互联网开展的线上实物产品贸易，还包括通过语音和

数据网络等传输的数字服务贸易,如数据、数字产品及数字服务等。

中国信息通信研究院在《数字贸易发展与影响白皮书》中提出了数字贸易的两大特征,分别是贸易方式数字化和贸易对象数字化,如图8-1所示。

图8-1 数字贸易的两大特征

其中,贸易方式数字化主要针对跨境电商,是指数字技术与传统贸易开展过程中各个环节的深入融合及相互渗透,如电商平台、线上支付、智慧物流及数字监管等;贸易对象数字化主要针对数字服务,是指数据和以数据形式存在的产品与服务贸易,如数据、数字产品及数字服务等。

8.3.1 我国数字贸易的发展现状

2020年全球服务外包大会暨服务贸易创新发展峰会在武汉举行,我国商务部国际贸易经济合作研究院国际服务贸易研究所副主任李西林在会上发布了《中国数字贸易发展报告》。报告显示,我国可数字化服务贸易额已由2005年的488.59亿美元上升至2019年的2718.10亿美元。

商务部国际贸易经济合作研究院的统计数据显示,2019年,我国可数字化服务规模约为1.9万亿元人民币,全球排名第七。据分析,我国数字贸易发展潜力持续增长且基本平稳,但与欧美发达经济体相比仍有很大的增长空间。我国数字贸易对服务贸易的贡献率不断攀升,成为服务贸易整体增长的爆发点。

我国大力发展数字贸易，需要注意以下几个问题。一是核心数据与关键技术必须实现自主可控，更要围绕报关、税收、统计等方面统一标准。二是要重视拓展整个贸易发展空间。一些新兴服务特别是基于云计算、人工智能等技术的新兴贸易服务是数字贸易的重点发展方向，同时也要兼顾传统服务的数字化转型，如教育、医疗、保险等都是重要的目标领域。三是对数据治理要加强研究和实践。我国应当建设并完善贸易数据治理体系，培育数据治理服务市场；通过数据开放共享提供更加充分的数据源头，投入数据质量管理，使数据要素更加优质；通过鼓励数据交易流通，使数据要素市场供需更加活跃；还需要完善风险机制以保障数据要素市场健康、有效、有序，以数据服务促进数字贸易的发展。四是积极推进全球治理。区域全面经济伙伴关系协定（Regional Comprehensive Economic Partnership，RCEP）为打通数字贸易国家壁垒开了一个非常好的头，我国仍然需要积极融入、建设和影响全球数字经济贸易体系，使这个体系更有包容性，充分考虑发展中国家的诉求，形成互利共赢的模式，同时还需要具有安全可靠的数据要素流通规则。数字经济贸易体系需要以人为本，符合国际社会通行标准；需要众多国家共同建立、共同维护、共同受益，形成开放、公正、公平、非歧视的全球数字贸易发展环境。

8.3.2　数字贸易重塑全球价值链

从宏观来看，数字贸易既能通过数据要素流通加强各产业之间知识和技术的共享，从市场角度带动各产业的融合与协同，又能带动传统产业数字化转型并向全球价值链高端延伸，催生大量的贸易新业态、新模式。因此，数字贸易具有重塑全球价值链的意义，具体表现在以下几个方面。

（1）数字贸易帮助大量产品和服务嵌入全球价值链

数字技术在贸易场景中的应用，显著降低了生产要素在价值链上不同环节之间的流通成本。这一点在无形服务的贸易上体现最明显。许多本土特征明显的服务行业在数字技术的推动下首次融入了全球价值链。

（2）数字贸易帮助众多中小微企业和个人生产者接入全球价值链

不管是在生产、服务环节，还是在加工、制造环节，以前全球价值链大多被国际化程度很高的集团型企业占据，中小微企业的参与门槛高、参与程度较低、参与数量少。

（3）数字贸易推动全球价值链的两极化发展

所谓两极化，即区域化和全球化。数字技术的运用使价值链中供应链一侧生产资料流通过程的可控度更高、成本更低，大大拉近了制造业与供应链企业之间的距离。为了获得更多的客户资源，价值链上的生产性服务业企业纷纷借助数字贸易的便利，开启了向国际化发展的征程。

8.3.3 数字贸易发展展望

现在，国际贸易已经呈现高度数字化的特征。一方面是贸易方式的数字化。数字技术与国际贸易各领域深度融合渗透，跨境电商平台成为国际贸易数字化的前沿阵地。与贸易相关的产品展示、洽谈、结算、税收及通关等环节已经完成了数字化迁移，使国际贸易的成本大幅降低、效率显著提升。另一方面是贸易对象的数字化。数字技术和互联网为国际数据流通提供了近乎零成本的传输服务，贸易相关数据和以数据形式存在的产品与服务使贸易达成的门槛及难度大幅降低，同时其本身也成了重要的贸易产品。

（1）以数字贸易发展为动力，迭代国内价值链，影响全球价值链

从国内视角看，我国一直以工业、制造业大国的角色加入全球价值链中，并且经过长期不懈的努力占据了一席之地。从国际视角看，我国积极主导和参与了多个国际经济与贸易组织，一直致力于在开放、共享、包容的原则下加快

与"一带一路"及"上合"组织等成员国家和地区合作,大力发展和建设以跨境电商为主的数字贸易。我国通过数字贸易促进与经贸组织成员国家和地区之间的产品及服务流通,积极邀请成员国家和地区共享自身经济蓬勃发展的成果,推动成员国家和地区融入我国主导的全球价值链中,开拓国际数字贸易的新局面。

(2)以数字贸易建设为契机,加强数字贸易"新基建"

新型基础设施的建设水平是制约数字贸易建设和发展的条件。不管是构建国内价值链,还是向全球价值链头部迁徙,都离不开数字贸易基础设施的建设。因此,加快以5G、工业互联网、云计算、大数据中心、物联网等为代表的新型基础设施建设,成为建设和发展数字贸易的重要组成部分。在这个过程中,我国要发挥市场调节和政府引导的双重作用。一方面,政府部门要着力加强"新基建"方面的规划引导,明确发展目标,统一建设标准,统筹发展路径,同时加强监管监督,提高风险防控意识和水平,营造良好的发展环境。另一方面,政府部门要坚持以市场调节为主,支持多元主体参与基础设施建设,调动民间资本的积极性,通过市场机制带动新型基础设施的建设。同时,我国还要着眼于国际市场,加强与经贸组织成员国家和地区在传统基础设施建设及"新基建"方面的国际合作,积极输出国内成功项目的成本优势和建设、运营经验,因地制宜地从基建、产业、金融等多个维度对"新基建"国际合作项目的建设和投融资模式进行综合输出、大胆尝试、融合创新。

(3)以数字贸易监管为核心,推进数字贸易领域的政策和法律法规建设

商务部会同有关部门,深入研究了数字贸易的相关政策,设计了政策框架和具体举措,着力为数字贸易发展创造良好的政策环境。2020年,商务部与中央网信办、工信部综合评定了首批12个数字服务出口基地,支持和指导这些基地在数字贸易领域先行先试,用具体实践反推数字贸易政策和制度创新改革。

8.4 数字交通

数字交通是以数据为关键要素和核心驱动，促进物理和虚拟空间的交通运输活动不断融合、交互作用的现代交通运输体系。数字交通是我国数字经济发展的重要领域，是"交通强国"建设目标的核心。在当今国际政治局势动荡、我国加快建设全国统一大市场的背景下，抓住机遇、大幅度提高我国交通数字化水平是接下来很长一段时间的重要任务之一。

8.4.1 我国数字交通的发展现状

我国数字交通自 1973 年大力发展以来，主要经历了四个阶段。

第一阶段：1973—1995 年前后

受制于当时的通信技术和基础设施水平，数字交通在这个阶段的发展速度比较缓慢，虽然相关概念先后成型，但相关技术大多停留在理论论证阶段。

第二阶段：1995—2000 年

在这个阶段，互联网迅速普及，数据传输速度与日俱增，定位技术、通信技术相继突破，数字交通的发展速度明显加快，通信技术和基础设施已经不是主要限制因素，数据的采集手段和处理能力逐渐成为这个阶段制约数字交通系统发展的主要因素。

第三阶段：2000—2010 年

在这个阶段，我国数字交通相关技术自主研发和国外引进双管齐下，高清视频、智能研判等先进技术和各类数据采集设备在城市交通中全面应用，数字交通逐渐形成了完整的技术体系，相关科研机构和建设单位也在数字经济中争得了一席之地。

第四阶段：从 2010 年至今

在这个阶段，随着人工智能、区块链、云计算、大数据等技术的不断发展和应用，车路协同、自动驾驶、智能出行等已经成为数字交通领域重点研发和应用实践的方向，相关技术成果和落地项目层出不穷，部分成果已经开始应用于实际生活，并且展现出对很多行业的巨大影响。

2019年，交通运输部在《数字交通发展规划纲要》中提出，到2025年，"交通运输基础设施和运载装备全要素、全周期的数字化升级迈出新步伐，数字化采集体系和网络化传输体系基本形成"；到2035年，"交通基础设施完成全要素、全周期数字化，天地一体的交通控制网基本形成，按需获取的即时出行服务广泛应用"。《数字交通发展规划纲要》将我国定位为"数字交通领域国际标准的主要制订者或参与者"，要力争达到"数字交通产业整体竞争能力全球领先"的地位。

《数字交通发展规划纲要》还将创新作为未来数字交通发展的第一动力，提出了"出行即服务"的概念——以数据衔接出行需求与服务资源，使出行成为一种按需获取的即时服务。"出行即服务"强调以数据链为主线，构建数字化的采集体系、网络化的传输体系和智能化的应用体系，加快交通运输信息化向数字化、网络化、智能化发展。

2021年，中共中央、国务院在印发的《国家综合立体交通网规划纲要》中提出了"建设现代化高质量国家综合立体交通网"的发展目标，确定了国家未来15年综合立体交通网蓝图。这是继2019年发布《数字交通发展规划纲要》后，中共中央和国务院对交通运输作出的又一重大战略部署，对于我国加快建设"交通强国"具有里程碑意义。《国家综合立体交通网规划纲要》提出了明确的交通网建设目标——6轴、7廊、8通道主骨架，并且在此基础上建设100个综合交通枢纽城市，打造面向全球的运输网络。

8.4.2 数字交通先进技术

清华大学交通研究所所长陆化普教授曾在《科技导报》发表过一篇关于数字交通系统主要技术的文章。陆教授在文章中提出，有7项技术是数字交通领域的关键技术，分别是交通大数据平台及其应用、视频数据提取、综合分析研判、交通控制优化、车路协同、城市交通大脑及无感技术。上述数字交通技术有一个明显的共同点，它们都是基于数字交通特有的场景需求将多种已有的成熟技术进行综合应用而成。在此，我们参考陆教授的观点，结合应用实践，对当前我国数字交通领域应用的一些先进技术进行简单介绍。

（1）城市交通控制技术

城市交通控制主要是利用数字化交通控制设施，对交通流进行交通组织优化，以及通过调节、诱导、分流等操作达到保障交通安全与畅通的目的。交通信号的控制可以分为单路口信号控制、干线协调控制（线控制）和区域信号协调控制（面控制）。在控制模型方面，现在我国单路口信号控制技术已经成熟并被广泛应用，干线协调控制方面也有大量产品和应用案例，但区域信号协调控制技术的应用案例仍然较少。现有的交通信号控制系统主要分为两类，它们是定时控制和更先进的自适应协调控制。目前，区域信号协调控制技术以启发式算法为核心。人工智能领域也带来了基于机器学习的区域信号协调控制模型，不过目前尚难以解释其逻辑过程，其应用效果仍有待观察。

（2）交通信息分析研判技术

交通信息分析研判技术的研发，是通过对各类交通数据的采集、整理、清洗、融合、挖掘及分析等操作，为交通管理部门、交通参与单位提供决策支持。

受到技术思路的限制，传统的交通信息分析研判的准确性、精准性难以提高，很难找出各类事件中的变化规律和发展趋势，无法为决策提供有效支持。现在，基于云存储、大数据和人工智能等数字技术的交通信息分析研判技术，实现了跨平台、跨行业、跨区域、跨部门的信息共享和对数据资源的深度挖掘，实现了对交通运行及安全情况的实时监控、分析和判断，实现了对交通系统中空间、时间、监管、警力等资源的优化配置，以及对交通整体态势的评估、分析与预警。

（3）车路协同技术

车路协同是新一代数字交通系统中的关键技术。先进的车路协同系统融合了云平台、人工智能、边缘计算等数字技术，能够实现全方位的车车、车路动态信息实时交互，在全时空动态交通信息采集的基础上对各个维度的数据进行实时综合分析，对车辆进行主动安全控制，对道路进行实时协同管理，真正实现了人、车、路、网高效协同。

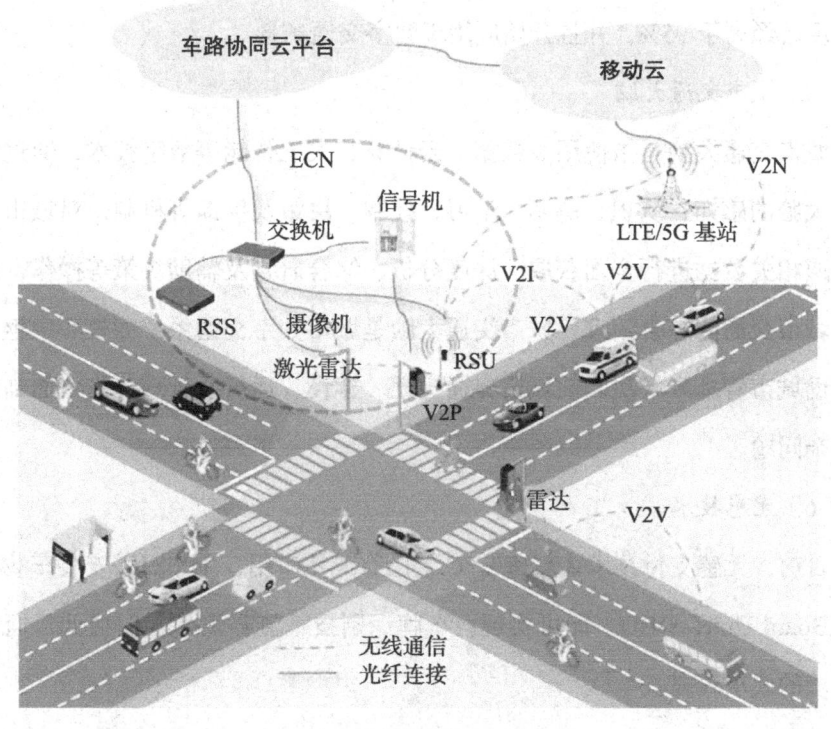

图 8-2 车路协同系统示意图

如图 8-2 所示，道路上行驶的汽车将通过车载雷达、摄像头等设备获得的数据与周边车辆及道路侧节点进行共享，平台对这些数据进行综合分析、处理并实时反馈到汽车和道路侧节点，最终实现车辆间、车路间的协同。系统将能够为驾乘人员提供碰撞预警、变道预警、自适应巡航等辅助功能，紧急时甚至可以接管汽车的控制权限，避免发生重大交通事故。

（4）视频分析与识别技术

对视频的分析与识别是指使用既定的算法及模型对视频图像进行运算和分析，从中提取对判断和决策等有价值的信息。该技术利用特定算法和模型，可以提取视频信号中包含的多类内容和信息，如特定目标物体的运动信息等。借助该技术对视频的智能分析和处理，能在一定程度上替代人的工作。目前，车牌号识别技术已经得到大面积的推广和应用，基于视频采集的人脸识别也已经广泛运用到了安防与电子支付等领域。其中，功能比较先进的人脸识别系统的精确度已经高于 95%，并且开始应用于数字交通场景。

（5）城市交通大脑

城市交通大脑是指使用大数据、云计算、人工智能等数字技术，通过模拟人类大脑的感知、认识、协调、学习、控制、决策及反馈等机制，对城市及城市交通相关数据进行全面获取、深度分析、综合研判及辅助决策等操作，以实现对城市交通的综合治理。城市交通大脑是城市数字交通系统的核心中枢，能够帮助城市管理者解决当前城市交通规划、建设、运行及管理工作中面临的很多复杂问题。

（6）无感技术

目前，无感支付技术在高速 ETC 上已有成熟应用，用户只需安装车载单元（On Board Unit，OBU）即可实现；车牌识别技术流程简单、门槛低，但对识别环境的要求较高。

8.4.3 数字交通发展展望

对于未来的数字交通发展，我们可以从两大方面、七大体系来研究。两大方面是指数据的采集和应用，七大体系则是指数字化的采集体系、网络化的传输体系、智能化的应用体系、产业生态体系、网络传输和数据安全体系、标准体系及支撑保障体系。

在数据采集方面的发展方向包括以下几点：进一步推动交通基础设施全要素、全周期数字化；在重要枢纽位置、关键交通节点布局多维度的感知终端；推动交通工具、作业装备及其控制、管理系统的数字化与智能化；大力发展和推广具备多维感知、高精度定位、智能网联等数字化功能的交通工具和终端设备的应用；在先进物流园区、港口、铁路和机场等交通枢纽单位，规划、推广和试点物联网、无人值守、自动驾驶及机器人等技术。

在数据应用方面，重点推动以物流服务和客运服务场景的数字化为核心的数字交通基础设施建设，促进货运与客运数据的共享，以及票据、单据的跨系统、跨部门、跨平台互认。

随着物联网等相关技术的成熟，未来将建成一批覆盖全国的高精度交通地理信息平台，为智慧物流的应用提供精准的基础数据。同时，应用智能化设备、智能物流配送系统等智慧物流"黑科技"提升效率，如京东、阿里菜鸟、苏宁等使用的快递飞艇、无人飞机、菜鸟 AI 空间及 5G 自动驾驶等。在业务更加复杂的工业物流领域，这样的物流"黑科技"也屡见不鲜。智能设备与精益制造 MES 融合，衍生出了能够实时感知工具使用时间、使用频次及检验周期等信息的智能工具箱。

数字交通的建设，尤其是形成较完整的数据链后，将有效促进多种运输方式高效联动，促进政企间数据共建、共享和转化应用。2022 年，江苏南京率先建设"全国数字孪生第一城"，江北新区打造了智能制造公共服务平台，为企业提供资源整合、产品开发、工业设计、生产制造及质量管理等产品全生命周期的服务和应用。目前，包括华为、中车数字等一大批科技创新企业作为该平台的缔造者，一同构建开放生态，共创共享"数字智慧"。

在数字交通领域，智能运营解决方案可以为轨道交通客户提供从数据采集层到平台应用层的车辆运维应用。例如，健康诊断系统采集车辆状态数据和各类监测数据，对关键子系统实现全面的性能测量，实现车辆状态自动化监控、故障实时化报警。大数据模型分析可实现列车健康诊断与预测，帮助运维人员掌握列车的健康状况，提高车辆的可用性，减少故障时间，降低运营与维修成本。

可以预见，以数据为关键要素，数字技术赋能交通运输及关联产业，将极大地提升客运服务和物流服务的品质。数字交通的建设和发展将带动交通产业链上的各个生产性行业、各类服务型企业积极应用各种数字技术，推动模式、业态、产品、服务等联动创新，为数字交通建设单位和运营单位提供全方位、全角度、全链条的数字化改造，帮助这些单位增强与上下游企业的信息共享和业务协同，提高资产运营效率。

8.5 数字医疗

"互联网＋医疗"的概念在许多国家正逐渐成为主流趋势。线上咨询、远程医疗、线上药房、互联网医院、临床信息采集等很多数字化应用的影响日渐广大。国际国内许多医药企业和医疗机构都在持续加大对数字技术的研发和试验投入，以求能够让更多研究成果迅速进入实际使用阶段。

从宏观角度来讲，数字医疗建设应当包括以下几个方面。

（1）打造强大的医疗健康信息基础技术架构

通过医疗专网、云存储、容灾备灾等技术方案，实现医疗健康数据的可靠连接和安全存储；规划建设可访问、可共享、可分析、可追溯的各类医疗健康数字化平台，包括电子病历系统、医疗设备控制系统、医药流转管理系统和医疗机构管理系统等，以加速医疗、医药、健康产业的数字化进程。

（2）发展虚拟医疗技术与相应的临床医生队伍

完善和发展远程医疗支持系统的各项功能并规划设计相应的服务流程，最终实现患者不通过第三方服务机构即可直接向自己的专属医生问诊。这样也能帮助医疗服务组织实现精简化目标，并使虚拟医疗的优势最大化。

（3）实现医疗数据跨地域、跨平台、跨部门的互联互通

通过建设基于统一标准的"居民健康档案"系统，可以支持全社会医疗健康数据的共享。统一我国电子病历系统、医疗设备控制系统、医药流转管理系统和医疗机构管理系统等医疗健康系统平台的建设标准和数据标准，可以实现全社会医疗健康数据的兼容与整合。基于全社会医疗健康数据共享，医疗与医药研究组织可以应用人工智能、大数据等先进数字技术，深度挖掘数据要素价值，以各种研究成果的形式回馈数据提供者。

（4）健全医疗健康数据治理体系

对医疗健康数据的生成、收集、整理、分类、访问、研究、共享建立统一的标准、规则、制度乃至法律法规，包括明确数据所有权、网络安全、患者知情同意权和患者教育等；还需要坚持培养管理部门领导的数字化思维，提高临床和非临床医护人员的数字化素养，为医护人员及患者提供学习与实践的机会等。

8.5.1 我国数字医疗的发展现状

近些年，随着大数据、人工智能等数字技术的不断进步，基于数字技术的

数字医疗也得到了快速发展。各大互联网巨头企业纷纷布局数字医疗领域，全社会一时间涌现出一批独角兽、准独角兽企业。数字医疗将物联网、大数据和人工智能等数字技术综合集成应用于医疗卫生领域，可以实现医疗健康服务的数字化、标准化、自动化和智能化。目前，数字医疗广泛涵盖了医院信息服务、医患沟通和药物研发等诸多方面。

（1）医院信息服务

医院信息服务是通过各个信息系统实现的。根据中国医院协会信息管理专业委员会（CHIMA）统计的我国医院数字化建设情况，即使三甲医院，其医院信息系统（Hospital Information System，HIS）、实验室信息管理系统（Laboratory Information Management System，LIS）、医学影像存档与通信系统（Picture archiving and communication systems，PACS）等医疗机构信息化的基础系统建设率也仅达到50%左右。在数字医疗领域，除了东软、卫宁健康等传统的医疗数字化系统供应商以外，近些年也涌现了一批像零氪科技、森亿智能这样的独角兽和准独角兽企业。据IDC分析，2022年我国医院数字化行业的市场规模在672.8亿元左右，拥有广阔的发展前景。

（2）医患沟通

线上问诊、远程医疗等数字医疗技术改变了传统的就医方式，使医生能利用工作、生活中的碎片时间为更多患者服务，既有效避免了患者等候时间长、问诊咨询时间短的尴尬，又使更多患者可以获得更加优质、便利、高效的医疗服务。同时，通过线上问诊、远程医疗等技术，还可以把优质的医疗资源覆盖到医疗条件落后的地区。偏远地区的患者可以依靠分布各地的医疗服务网点，通过线上问诊、远程医疗等技术实现医患沟通，体温、血压等一些测量工作可在当地医疗服务网点完成。通过医生线上开具处方，患者也可直接在医疗服务网点购买处方药。

(3) 药物研发

对于所有药品企业来说，新药研发都是一项成本高、周期长、失败率高的工作。深度神经网络、机器学习等人工智能技术应用于药物研发，可以大大提高研发效率、缩短研发周期、降低研发费用。但是，在药物研发方面，只有增加对疾病和药物特点的深入了解，开发更加准确、科学的算法和模型，才能充分利用人工智能技术优秀的数据处理和学习能力，提高新药的研发与生产效率。

8.5.2 数字医疗的关键技术

数字技术在很多方面赋能医疗服务。例如，提供更好的服务整合，协助早期发现并降低治疗风险，预测并协助管理健康需求，优化临床数据质量以提供更及时、高效且安全的医疗服务。当然，数字化转型能做的不仅是技术上的支持，还有技术革新联动的管理变革，从而带动服务交付的效率和有效性，对患者和临床医生都带来好处。但是，由于医疗行业对临床信息合规有极高的要求，以及业务流程具备一定的复杂性，所以先前的数字化转型仍处于初期。自2020年以来，医疗行业的数字化进程有了突飞猛进的加速，科技应用的比例大幅增加，尤其在改变医患交互模式和医药品配送渠道方面。医生对数字科技赋能的关注点则主要在速度和便利性的提升方面。

现在，很多先进科技也在不断推动数字医疗技术发展。例如，虚拟GPU、边缘计算、全息现实、数字孪生等技术逐渐应用到更多的医疗场景中，如远程影像诊断、远程手术指导等。

(1) 虚拟GPU

GPU是指图形处理器，又称显示芯片，是一种专门在工作站和一些移动设备上做图像和图形相关运算工作的微处理器。但是，GPU渲染图像的时间非常长。而使用虚拟GPU可以支持庞大、复杂的医学影像，让医疗专业人士能够随时随地通过各种设备访问数据,获得和本地 PC 一样的优质体验。这种便携性和快速访问信息的方式能够加快决策速度,并提高诊断的准确性。

(2)边缘计算

边缘计算可以减少数据运算对远程集中式服务器或本地服务器的依赖,使医院和诊所获得更灵活、响应性更高的运算服务。同时,边缘计算还能够在不用连接到远程数据中心的情况下运行许多关键功能,它很快将使医疗保健部门能够在更偏远的地区开展工作。

(3)全息现实

利用全息现实技术可以进行三维全息重建,实现虚拟物体的真实再现,达到触手可及的人机交互效果。该技术应用于外科手术治疗和远程医疗,对现代医学发展有重大的意义。

(4)数字孪生

数字孪生能够充分利用物理模型、传感器、运行历史及行为数据等要素,集成多学科、多物理量,完成多维度、多概率的仿真过程及现实世界在虚拟空间的映射。使用数字孪生技术建设医疗物联网平台,实时监控每个物联网节点上的设备,甚至设备上的各个零部件,一方面可以实现远程售后服务的降本增效,另一方面能够深度挖掘机器运行数据,帮助医院更好地管理设备。

目前,数字医疗的相关技术主要掌握在各类医疗设备厂商与软硬件厂商手中,它们也就成了推进数字医疗技术发展与应用的主要力量。

8.5.3 数字医疗发展展望

随着数字医疗和"互联网+医疗"的发展,生物药的开发、处方开立和配送渠道都有了很大的变化。数字医疗将在深入医药、医疗行业自上而下的产业链各环节中扮演越来越重要的角色,这不仅能带动应用转型,还能促进产业链转型全面加速。预计未来医药企业和医疗机构的商业模式将从以往传统的线下为主，转变为线上线下融合的双线发展模式。数字医疗还可以帮助各个医疗机构及更广泛的公共和私营医疗生态系统改进工作方式，扩大服务的可及性，并提供更有效的患者和临床体验等。

我国数字医疗领域的发展已经有了一定的积累和客观成效。从建设成果的角度看，数字医疗最容易被群众直观感受到的应用场景有三类，即互联网医疗、智慧（互联网）医院及智慧健康社区。这三类场景将能够无缝覆盖公民所有的医疗需求。我们可以将它们视为数字医疗的综合表现形式、用户端的基础设施与未来的发展方向。

这三类场景虽然同属数字医疗范畴，但又各自独立成体系。它们经过了不同的发展历程，形成了不同的发展模式与理论体系，从技术与行业层面也形成了各自不同的生态网络。

（1）互联网医疗

互联网医疗是以互联网为载体、以数字技术为手段（包括移动通信、云计算、物联网及大数据等技术），与传统医疗健康服务深度融合而形成的一种新型医疗健康服务业态的总称。我国对互联网医疗的重视程度逐年提高。

2018年发布的《国务院办公厅关于促进"互联网+医疗健康"发展的意见》，提出促进线上健康科普发展。同年7月17日，国家卫生健康委员会（简称"卫健委"）和国家中医药管理局组织制定了《互联网诊疗管理办法（试行）》《远程医疗服务管理规范（试行）》《互联网医院管理办法（试行）》。

2019年，《健康中国行动（2019—2030年）》要求提高居民获取和理解健康信息及服务的能力。同年，《中华人民共和国基本医疗卫生与健康促进法》要求建立健康知识和技能核心信息发布制度，普及健康科学知识。

2020年，我国众多医疗机构和互联网健康平台争先推出了在线医疗服务。2月21日发布的《关于加强医疗机构药事管理促进合理用药的意见》明确指出要规范"互联网+药学服务"。4月7日,国家发改委、中央网信办发布了《关于推进"上云用数赋智"行动培育新经济发展实施方案》,其中首次从国家层面提到互联网医疗可以首诊并纳入医保。

(2)智慧(互联网)医院

资料显示,"智慧(互联网)医疗"概念的提出早于"智慧(互联网)医院"的提法,但二者之间并没有明确地区分。直到2019年,我国卫健委给定的智慧医院概念中明确了智慧医疗的概念包含于智慧医院的概念,并且缩小了智慧医疗的范畴。

现在,"互联网+医疗健康"已成为国家战略重点之一,互联网医院监管政策明晰,这就给各个地方政府和相关单位积极支持发展互联网医院提供了保障。第三方互联网医疗平台更多是采用"互联网+医院"模式,而实体医院通常是采用"医院+互联网"模式,两者没有好坏之分,最后会殊途同归。

可以预见,未来在智慧城市框架下,将由政府领头制定医疗保障政策、建立监管制度、协调区域资源,在辖区内建立疾病预防控制体系、升级区域应急医疗健康服务体系、形成智慧医疗服务体系,三大体系保障辖区内居民的医疗健康,如图8-3所示。

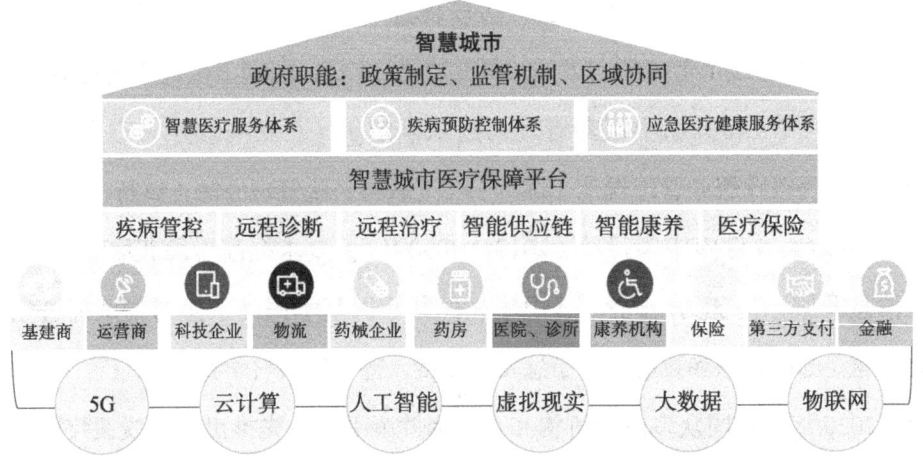

图8-3 智慧城市框架下的智慧(互联网)医院

这三大体系都是由区域内建立的智慧城市医疗保障平台支撑,这个平台提供疾病防控信息、远程诊断、远程治疗、药械的智能配送、智能康养及医保直付等一系列城市医疗保障服务。而建立智慧城市医疗保障平台需要政府连接区域内整个生态圈的各方参与者,包括基础设施建设单位、电信运营商、数字技术提供商、物流服务商、医疗器械生产企业、药房、各级医疗机构、疗养机构、养老机构、体检中心、保险公司(包括医保、商保和慈善基金等)、第三方支付平台,以及金融机构和金融科技机构,并且顺应"新基建"政策引导,在5G、云计算、人工智能、虚拟现实、大数据及物联网等高科技赋能下构建完整的智慧医疗体系。

(3)智慧健康社区

世界卫生组织的相关统计报告和《中国慢性病报告》显示,我国慢性病死亡人数占总死亡人数的比例呈逐年上升的趋势。面对慢性疾病不断增长与人口老龄化持续加速这两个全球性问题,人们对医疗服务和健康管理的需求已经不再局限于传统的医疗机构,而是越来越希望在家庭和日常生活中也能够及时有效地获得全面的医疗健康支持。同时,随着生活水平的不断提高,人们的健康理念也在逐步发生改变。健康、保健和治病不仅是政府、医院及医疗机构的工作,也是每位公民密切关心的事情。人们比以往任何时候都更加主动地关心自己的健康,并迫切希望对自身复杂的健康数据进行科学有效的分析、诊断和管理。

政府从2009年就开始引导社区试点智慧健康管理方案,目前上海、浙江等地已经逐步在社区中尝试居民的自助体检,帮助居民及时了解自己的身体状况,并适时进行合理有效的慢病管理。基于智慧健康管理模式的居民健康自助管理已经悄然普及。同时,国内外高端的地产企业、保险公司和机构已开始关注和提升社区的配套层次与服务水平,北京、天津、上海、广州等高端银发人群较多的城市已经陆续建成了多个以健康养生为主题的智慧社区。

8.6 数字教育

当前,在以人工智能、区块链、云计算、大数据为代表的新兴数字技术的引领下,生物、新材料、新能源等技术和产业深度交叉融合,创造了多种多样的研发方向和市场需求。在此时代背景下,我国先后多次积极调整教育政策,全方位促进教育行业的数字化转型。

党的十九届四中全会提出,要"构建服务全民终身学习的教育体系",强调教育的全面现代化。五中全会审议通过《中共中央关于制定国民经济和社会发展第十四个五年规划和二〇三五年远景目标》,把"高质量"和"发展"作为高频关键词,对教育提出了新要求、新挑战,成为下一步教育发展和变革的重要指导思想。

《国家中长期教育改革和发展纲要(2010—2020年)》指出,"优先发展教育,提高教育现代化水平,对实现全面建设小康社会奋斗目标、建设富强民主文明和谐的社会主义现代化国家具有决定性意义"。这将我国数字教育建设和发展提升到了关于国计民生与和谐社会发展的战略高度,为我国数字教育建设和发展指明了方向。

教育部印发的《教育信息化十年发展规划(2011—2020年)》提出了"中国数字教育2020"行动计划。该计划还要求建成跨网络、跨平台、跨终端的开放大学信息化支撑平台,通过多种渠道建成覆盖全民学习需求的学习资源;实现与各级各类学校和教育机构互联互通,支持开放大学开展社会化服务,构建以开放大学为主体、各级各类学校和教育机构共同参与的终身教育网络。

8.6.1 我国数字教育的发展现状

我国教育数字化经历了早期电化教育、计算机辅助教育、网络教育及数字教育等主要阶段。在发展过程中，教育数字化政策和教育数字化相辅相成，一方面教育数字化推动教育数字化政策发展，另一方面政策引领教育数字化不断取得新进展。随着现代数字技术、互联网技术的进步，教育数字化的形态发生了根本性的变革，数字教育在我国教育事业发展中的地位发生了巨大的变化，相关政策也到了重新思考其定位和方向的关键节点。

总体来看，各个地区的数字教育建设大多在探索阶段，并未形成系统的规划和统一的认知，建设概念、目标与标准尚在探索和实践中磨合。但是，这种勇于创新的理念和对数字教育发展趋势的重视，符合我国数字教育发展的指导思想，契合教育行业发展的需求和内在规律，将极大地促进数字技术与教育行业的融合，有利于数字教育的整体推进，带动教育行业的现代化发展。

8.6.2 数字教育的应用场景与技术

随着《"十四五"数字经济发展规划》的出台和教育数字化战略的部署，5G、大数据、人工智能、云计算、虚拟现实等数字技术正在推动数字教育快速发展。艾瑞咨询《2022年中小学教育信息化行业研究报告》的数据显示，2021年，我国中小学教育信息化经费投入达到 1634 亿元，2022 年经费投入预计达到 1776 亿元，2024 年将超过 2000 亿元。这标志着教育数字化转型全面提速，教育开始迈向技术与应用场景深度融合创新的时代。

（1）数字化教室

数字化教室也称为智慧教室，是物联网、云计算等数字技术与现代教育需求融合的产物，也是现代教育教学环境和设备发展的必然趋势。数字化教室运用人工智能、人机交互、远程教育等技术，使用无线投屏系统，实现高清晰度、多媒体、多维度呈现教学内容，以及对教学环境、教学对象、教学效果的感知、分析和评估。

如图 8-4 所示，无线投屏系统能将手机、平板计算机、PDA 等终端设备上的内容投射到教室的大屏显示设备上。显示设备同时也是输入设备，可以实现人机交互。

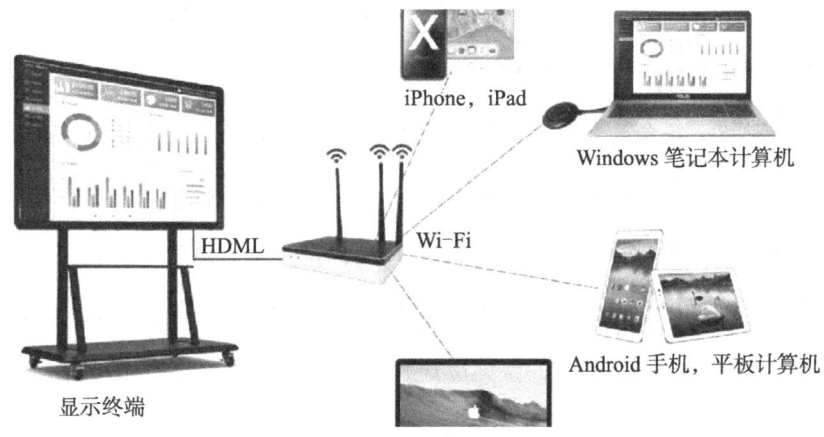

图 8-4　基于无线投屏系统的数字化教室

（2）数字化教材

数字化教材综合利用多媒体技术，对传统纸质教材进行数字化处理及呈现，使教育素材具有极强的交互性。

人民教育出版社已经设计开发完成了三代数字教材，第三代教材从 2018 年开始在北京、广东、河南等地落地试用。该套教材面向全国中小学师生，依据国家课程标准，以传统纸质教材为蓝本设计开发而成，涵盖全学科、全学段，并与纸质教材相辅相成、同步更新。

同时，该套数字教材针对现代数字化教学环境中教与学的新需求进行了大量的互动设计，有效提高了教学效果，为更好地发展学生的核心素养提供了有效的手段。在用户体验上，该套教材也具有个性化和智能化等特点，为我国的教材全面数字化工作做出了有益的探索,具有很强的带动作用和指导意义。

(3) 数字化学习

数字化学习是指通过数字教育一体化平台的建设和运营,使更多学生能够在线上进行自主学习、无师学习的一种全新学习模式,又称为线上学习、网络化学习。

要实现数字化学习,需要进行三方面的建设。

第一是学习环境的数字化建设,也就是建设所谓数字化学习环境,包括终端设备、教育资源、系统平台和通信工具等。

第二是学习资源的数字化建设。它将教育教学资源、学习资料及教育信息等进行数字化处理,使其成为能够在 PC、平板计算机或手机等终端上接收和运行的多媒体内容,包括视频、音频、软件、App、网站、在线学习管理系统、实验模拟系统、在线讨论平台及教育资源数据库等。

第三是学习方式的数字化建设。利用数字化学习环节和资源,教师与学生之间,家长与学生之间,甚至学生自己都可以实现很多种传统教育难以实现的学习方式。当然,这需要针对不同的学习内容、学习目的、学习对象进行设计和开发,从中也会诞生一个全新的产业。

(4) VR、AR 与 MR

这些技术能够通过虚拟的方式将外部世界带进教室、家庭及课桌上,也能将教室带到虚拟世界的各个角落,让学生沉浸式地感受所学的知识和所研究的对象。同时,学生可以通过这些技术与全世界完整且全面地分享自己的学习内容、学习心得、学习体验和创新创造成果。

8.6.3 数字教育发展问题与展望

当前,我国教育数字化发展取得了令人瞩目的成就。但是,教育数字化水平和覆盖率等方面仍然不能满足人民群众的需求。我国教育方面的问题还体现在教育观念相对落后、内容方法比较陈旧、教育体系不够健全、知识更新明显滞后等方面。因此，进一步推进教育数字化成了人民群众的强烈期盼和全社会的共同心声。近年来，数字教育也集中暴露了一些明显的问题。

（1）效果差距

在线教育虽然有所普及，但效果相比传统线下教育仍有一定的差距。目前，大部分学校都开展了线上教学，越小、越偏远的地方开展得越普遍。然而，大部分人仍然认为在线教学的效果比传统课堂差。技术门槛已不是问题，原因主要在于注意力、互动性和视力等受影响。

（2）工作负担

数字化提高了教学和管理效率，但也增加了教师和家长的工作负担。相关调查显示，认为数字教育提高了课堂效率的人过半，认为提高了管理效率的人更多，也有过半的人认为数字教育增加了工作量。造成这种现象的原因不仅在于素材准备、课程录制等需要花费教师大量的时间和精力，而且在于增加了家校在线沟通、信息线上收集、统计和上报等行政管理工作。这些现象都说明我国数字教育建设仍然不够完善，还有很长的一段路要走。

（3）技术边界

尽管有一些数字技术的应用能够替代人的工作，但也有不适合被替代的工作。在一些重复性较强的教学环节，多数人认为能更多由人工智能承担；但是，并非所有工作都适合，如师生互动、情感关怀等方面。从教育的本质而言，教育的对象是人，需要人的言传身教，而技术还远未达到能够独立具备这种智慧的程度。

（4）能力迭代

教师普遍反映自身虽然具备一定的数字教育思维和数字化教学能力，但数字教育产品的更新速度太快，培训需求依然强烈。大部分被调查的教育工作者认为,自己能够采用适当的数字技术辅助教学。有趣的是,认为有必要定期进行数字技术教学培训的人占比更高。数字技术迭代快、培训内容和教师水平跟不上是主要原因。

(5)应用落差

近年来,数字教育程度其实已有明显的提升,但大家仍普遍感觉发展进程落后。例如,2020年清华大学发布的产业互联网指数显示,教育在7个主要行业中排第4名;但有超过60%的人认为,数字教育进程明显落后于其他行业。这可能反映了教育行业相对封闭,导致新技术的应用深度和体验不足。

(6)资源浪费

教育数字化投资建设更坚定,但资源浪费现象也比较明显。政府的大力支持及资本的高度关注坚定了教育行业推进数字化的决心,但不少人也认为目前建设中仍然存在资源浪费、重复建设、建了不用等情况。

(7)数据孤岛

虽然区域教育主管部门和大多数学校都已基本建设完成了本地的数字教育平台,但平台和系统之间打通的还是少数,数据孤岛普遍存在。其中,高校比中小学、小城市和乡镇比大中城市及农村更明显。

(8)数据安全

在教育数据的采集和使用上,大家的态度都很积极,但同时我们又非常担忧数据安全和隐私安全问题。赞成对教育数据进行采集和使用的人占多数,包括在课堂教学、校园生活及投产评估等各方面。同时,虽然有不少人认为已采取了严格的数据安全措施,但更多人对采集数据的安全性仍然存在顾虑。产生顾虑的首要原因是对技术服务的不了解,其次是政策不明确,以及来自社会舆论和家长的压力。

在过去漫长的人类历史中,教育的实践都是由人作为主体决策和执行的,这是教育的特殊性。近年来,人工智能快速发展成熟,使智能机器能够自主承担一些教育实践活动，也让人机如何分工成为教育实践中非常重要的一个问题。对于大多数教育工作者而言，继续保持以人工为主的教学比较容易，即按照教学大纲的要求组织教学内容，通过亲身讲授将大纲要求的知识传达给学习者。但是，这种方式忽视了数字社会不断发展成熟的现实。当学习者已经能够通过网络获得海量的知识时，教师的知识优势已经越来越不明显，甚至可能有局限了，这样还是讲课本的知识显然行不通。如果采用智能机器为主的教学方式，通过分析学习者数据自动适配教学内容，鼓励学习者使用机器自学，能够在一定程度上突破人工教师"提供方"的局限，但也可能陷入学习者自身特点和兴趣的局限，产生类似"信息茧房"的教育结果。

未来的教育应以综合素质提升和个性化培养为目标，建立高效的人机协同教学体系和方法。首先要建立完善的综合评价体系，借助数字化进行长周期、连续性的效果评估；其次应转变教师的角色，从知识灌输到学习引导，通过系统培训帮助教师建立数字化教学能力；最后可采取人工与机器协作的方式开展教学管理，在作业批改等重复性高的环节以机器为主，在教学答疑等互动性高的环节以教师为主，让人工教学和机器教学都能充分发挥作用。

第 9 章

企业数字化助推核心竞争力提升

数字经济是未来经济发展的主要推动力量。在全球数字经济的浪潮下，开展数字化转型已成为各行业企业谋求生存发展的必由之路。我国经济已经由高速增长转入低速增长和高质量驱动的阶段。面对产业结构调整、资源环境挑战、数字技术和创新带来的行业颠覆与机遇，我国各行业企业逆水行舟，不进则退。因此，推动云计算、大数据、人工智能等新一代数字技术与实体经济深度融合，大力推进建设数字中国、智慧社会，企业数字化转型势在必行。

9.1 企业数字化转型已成为必然趋势

企业数字化转型就是依托新一代数字技术,构建一个全连接、全智能、全感知、全场景的数字世界,通过对数字世界进行精细化管理、全方位把控,对物理世界传统的商业模式、业务模式、管理模式进行优化改造,创新性地改善业务质量、降低成本、提高效率、转换新旧动能、控制风险。在我国全方位推进企业数字化转型,有助于生产要素和传统生产关系按照发展规划、经济现状、社会需求的最优原则重新进行排列组合,最大限度地实现生产要素的合理利用,迸发更大的生产力价值。数字化转型已经成为企业发展的必然趋势。

9.1.1 我国企业推进数字化转型的背景

数字化转型的本质即在数字化发展浪潮中,企业和组织借助数字技术塑造新优势、创造新价值。作为市场经济的微观主体,企业推动数字化转型将促进数字经济的创新发展,有利于构筑我国经济未来高速发展的坚定基石。

(1)全球经济大变革,数字经济成为经济增长的关键要素

新一轮科技革命和产业变革正在迅猛发展,全球经济处在一个前所未有的变革期,数字经济成为经济增长的核心要素和企业竞争的关键领域。在我国,数字经济的贡献值不断增加,规模不断扩大,对国民经济的引擎作用进一步凸显。据统计,2019 年我国数字经济增加值规模突破 35.8 万亿元,占据 GDP 的

36.2%。在当前复杂多变的国际新形势下，企业加快数字化转型将加速融入并完善全球供给体系，引领我国经济在新一轮经济转型中占据国际竞争制高点。对于处在不同变革程度和不同行业的数字化转型企业来说，突如其来的新冠肺炎疫情是对企业数字化转型成果的一项考验。已上线的数字化系统全面保障和支持了企业的生产运营，增强了企业应对风险危机的能力，彰显了企业数字化转型的价值。同时，新冠肺炎疫情给全球供应链平衡和供需平衡造成了前所未有的冲击，对企业的生产运营带来了更大的挑战，企业需要更加认识到数字化转型的迫切性和重要性，加快建设和上线各类数字化项目。

（2）"新需求""新供给"不断显现，推动企业创新高质量发展

网络和新技术为企业数字化转型提供了新动能，并且推动市场加速重塑，萌生了新的产品服务需求和新的消费采购模式等"新需求"。企业亟需改进创新模式和提升供给效率，以满足用户日益实时化、多元化、个性化的需求。同时，新型竞争方式涌现，形成了产品的颠覆式创新、敏捷按需的供应链、自动化高弹性制造等"新供给"形式。企业迫切需要通过数字化转型，以新技术和新能力提升获客、降本增效、发展和创新产品、获得市场优势和可持续发展。数字化用户是当下最重要的数据生产来源，其思维习惯和生活方式受到社交媒体、共享出行和移动支付等新兴商业形态的影响巨大。同时，数字化用户对个性化、便捷化、体验化的消费需求，使要求面向市场的企业提升运营效率，创新商业模式，不断提供新服务，以数字化创新和智能化运营拓宽市场边界和业务范围。数字化的企业和数字化的用户从供需两个维度共同驱动数字经济发展。因此，加快数字化转型，将有效激发企业的创新活力，构建实时、开放、高效、协同的创新体系，用创新驱动企业高质量发展。

（3）新一代数字技术加速崛起，为企业数字化转型提供主导力量

互联网的普及催生了信息的互通共享。但是，受制于宽带速度和连接质量，信息同步速度低、类型少。随着3G、4G、Wi-Fi技术的普及和智能终端的

出现，人们不再需要通过 PC 端连接到互联网，手机成为互联网入口，个人数据呈现指数级增长。移动支付、增强现实、人工智能、云计算及物联网等新一代数字技术不断涌现，在生产和消费领域催生了大量数字化应用。同时，数字化基于对数据的深度挖掘、分析和应用进一步朝智能化方向迈进，极大地提升了生产力水平。

（4）国家政策推动，企业数字化转型成为必然趋势

当前，数字经济已经成为全球主要发达国家的重要经济发展战略，世界银行、联合国、经济合作与发展组织等国际组织与平台为推动全球数字经济发展均采取了一系列措施。发展中国家也期望以数字技术与产业深度融合推动弯道超车，实现经济跨越式发展。2017 年出台的《国务院关于深化"互联网+先进制造业"发展工业互联网的指导意见》指出，在智能化生产应用领域，我国要大力鼓励大型工业企业将内部各种生产类型的智能化设备与数字化平台的相关数据实现互联互通，并在此基础上形成智能排产、质量及供应链优化等数字化车间的应用场景。2020 年出台的《关于加快推进国有企业数字化转型工作的通知》指出，要进一步发挥国有企业在新一轮科技革命和产业变革浪潮中的引领示范作用，不断深化数据驱动、集成创新、实时控制、信息共享及互助共赢等数字化转型的理念。

（5）产业数字化的发展为企业数字化带来机遇

《中华人民共和国国民经济和社会发展第十四个五年规划和二〇三五年远景目标纲要》指出，产业数字化的推进靠企业实现，企业数字化转型对产业数字化起着至关重要的作用，是产业数字化发展的主力军；要推进数字产业创新性集群发展，聚焦新一代信息技术与传统优势产业深度融合，丰富技术应用场景，提升整个产业的经济水平和竞争力。

根据《2020 年我国企业数字化转型进程报告》的数据统计，2020 年我国企业数字化转型对企业增加值的贡献额达到 13.31%，预计企业数字化转型在未

来10年带来的GDP增量将达到13.88万亿元。其中，农业、工业、服务业企业的贡献份额分别为4.69%、12.89%、15.47%。数字化转型加快了产业链升级和价值链重构，改变了传统价值链的线性结构，构建了一个立体的、多维的价值生态系统，企业之间的关系从单一竞合与依存转变为多维合作。而且，产业数字化重塑了传统企业的竞争力，提升了品质效率，形成了新的产业分工协作格局，发展了新业态、新模式。

9.1.2 "十四五"时期企业数字化转型的发展重点

2021年，我国发布了《中华人民共和国国民经济和社会发展第十四个五年规划和二〇三五年远景目标纲要》，强调"加快数字化发展，建设数字中国"，提出了"迎接数字时代，推进数据要素市场化建设和网络强国建设，以数字化转型驱动生产方式、生活方式和治理方式变革"。同时，《纲要》中还指出要加速实体经济与数字技术深度融合，发挥丰富应用场景和海量数据优势，为传统产业的转型升级赋能。

（1）加强新型基础设施建设与关键核心技术研发，支撑企业数字化转型

新型基础设施是企业数字化转型的底层支撑。政府应当引导企业聚焦融合创新、智能升级，全面开启数字化转型，系统布局信息基础设施、融合基础设施和创新基础设施等新型基础设施，推进新旧动能转换。同时，企业还可以结合自身条件，发展物联网技术，增强宽窄结合、固移融合的物联网接入能力。例如，关注并发展车联网与工业互联网方面的技术和项目能力。

关键核心技术是企业数字化转型的驱动力。政府应当鼓励企业重点攻克高端芯片、核心工业软件、核心电子元器件等短板技术，突破大数据分析、新型网络、先进传感等数字化共性技术，支持数字技术开源社区等创新联合体发展，增强对关键核心技术的自主可控能力。

（2）不断扩展数字化应用场景，打造行业数字化转型示范样板

"十四五"规划指出要加快推进数字产业化、产业数字化进程，支持企业"上云用数赋智"，用数据赋能全产业链协同转型。智能制造、智慧物流、智慧农业等数字化应用场景不断扩展，未来数字化转型将重点聚焦在交通、教育、医疗及文旅等行业，不断加强建设智能油田、智能电站、智慧管网、智慧电网、数字化车间和智能工厂等智能场景，打造能源类、制造类企业数字化转型示范样板。数字化与全业务链深度融合，企业助推智慧供应链、智慧旅游、智慧金融、智慧物流及智慧营销等建设，打造智慧服务中心，有助于形成服务类企业数字化转型示范样板。企业数字化转型不能只聚焦在自己的行业范围之内，还要开阔视野，进一步打破行业边界并进行重组。金融、教育、政务等数据和技术密集型基础比较好的行业会率先转型，同时对外赋能，助力其他企业更好地数字化转型。

（3）营造规范有序的政策环境，加强网络安全保护

"十四五"规划提出，要着力构建完善的政策法规体系，适应数字经济发展。因此，加强对新个体经济、平台经济和共享经济等新业态的管理规范，清除不合理的资质和行政许可事项势在必行。我国还应当加强对互联网平台的监管力度，反垄断和不正当竞争；推进网络安全技术攻关，提高网络攻击溯源、应急指挥、监测预警和网络安全威胁发现等能力；对网络安全风险进行审查和评估，健全关键信息基础设施保护体系和数字经济统计监测体系。

（4）建立系统化、规范化体系，引导企业数字化转型稳步推进

为了更好地引导企业数字化转型，我国需要尽快建立系统化、规范化的体系。

一是企业日渐重视数字化转型战略体系建设。数字化转型战略是企业总体发展战略的重要组成部分，企业重视建设数字化转型战略体系，涉及新管理模式、新业务模式、新商业模式。同时，数字化转型战略的搭建以两化融合管理体系为标准，其定位、目标、使命、愿景及举措等也是企业应关注的。

二是企业日益完善数字化转型管理体系建设。企业非常重视将数字化转型管理工作与职业健康管理、信息安全、质量管理等体系相融合,以数字化转型诊断对标工作机制为抓手,加强数据、系统、平台等安全管理体系的建设迫在眉睫。企业数字化治理方法、手段、模式不断升级,现代化 IT 治理体系正在以企业架构为核心加以构建,不断适配业务变革的需要。同时,企业也越来越重视健全薪酬机制,积极完善配套政策,加大复合型、创新型等数字化人才的培育及引进力度。

(5)数据要素成为企业数字化转型的核心资产

作为一种新的生产要素,数据将得到深度的开发与利用。目前,企业正在以数据为核心,大力开发新产品、创新相关服务,同时着眼于以信息流引领物流、人才流、资金流、技术流,在更大范围汇聚资源,提高全要素生产率和创新能力。数据中台是企业数字化转型的核心,通过不断提升数据中心的服务能力,优化数据中心布局,为企业业务创新提供数据支撑。通过数据中台,企业能够不断加强主数据、元数据管理工作和数据标准化建设工作,完善数据治理体系。同时,企业还能够不断健全数据采集、汇集和传输体系,创新数据融合分析与共享交换机制。运用大数据技术对数据进行筛选、存储、分析及可视化等操作,能够为企业的生产经营决策提供重要参考,从而为进一步实现智能治理、智能决策铺平道路。

9.1.3 我国企业数字化转型的四大革命

数字化转型以数字技术为核心,致力于持续为用户、员工和相关者创造价值;要求企业注重用户至上,重构自身的价值创造方法,以数字化的思维和技术对内提升运营管理效率、对外开拓新的利润来源。目前,我国企业数字化转型正面临四大革命:工具革命、决策革命、产品和服务革命、组织革命。

（1）工具革命：外延与深度发展并重

随着 5G 技术的成熟，万物互联时代即将来临。同时，在大数据和算法的帮助下，硬件也逐渐被赋予了智能。根据场景的不同，智能的应用会分化出"大而开放"和"小而精"两种趋向。

①大而开放

针对平台企业的大多数中台应用将不再是结构封闭的内部系统，而是更加开放，更趋向于融合大量外部资源，形成生态体系。

②小而精

面对中小型企业的标准化场景应用将朝着丰富化、模块化、即插即用式的方向发展，能够充分解决更多细微场景的痛点。

（2）决策革命：人与工具的高度化学反应

AI 算法水平的高低取决于数据价值挖掘的深度，AI 技术的进一步提升带来的是更强的业务预测分析能力。企业决策者对数字技术的控制能力正在逐渐增强，一些决策辅助工具与场景的融合更加完美。可以预见，AI 决策将成为未来企业发展的趋势，不仅能大大降低企业的预测分析成本，还将拓宽 AI 算法的应用领域。在众多 AI 决策业务中，对复杂商业决策的判断力将会成为新的稀缺核心价值。

（3）产品和服务革命：产品服务化与服务产品化

人们对产品的需求一直是有限的，而对服务和经验的需求不会受到时间与空间的限制，有更多的人性化需求。企业根据线下单一渠道营销有形产品的方式已难以适应用户需求升级的转变，而是需要开启线上销售渠道，提供产品和服务的线上化解决方案，与用户创建即时连接关联，提供用户需求意见反馈。除此之外，服务产品也成为产业链发展的方向，数字技术助力企业充分挖掘和分析个体需求，为用户提供差异化服务，创新价值创造模式。共享经济模式是服务产品化的杰出代表。共享出行通过整合社会闲置车辆资源，向用户提供能够体现差异化的出行服务解决方案，改变了传统的交通运输业。

（4）组织革命：重构数字企业的内外工作方式

单一的标准化程度高、操作性强的工作逐渐被智能机器人和智能分析软件替代，剩下的组织内工作人员具有强劲的复杂决策分辨能力和智能化能力，产生更高效、协调的组织形式和运营方式。因为组织边界的模糊不清和合作生态的产生，摆脱组织的灵活就业人员能够组成跨区域、跨专业的分散且灵活的合作互联网。与此同时，数据智能决策构成了更客观、公平、高效的决策体制，将决策管理权限下沉到基层员工手上，迅速验证了业务流程决策的准确性，缩短了意见反馈的时间，推动了业务流程迭代更新和优化。

企业数字化转型不是一蹴而就的，而是一项长期性、系统性的工程项目。开展数字化转型的企业面临关键技术、人才培养、业务创新、文化重塑及管理变革等多维度的检测。在技术方面，企业要高度重视数据库管理，巩固新型基础设施建设。在组织架构方面，企业要进一步优化和调整人力资源构造及管理机制。总而言之，企业数字化转型升级是内部需求与外部市场驱动的必然结果。

9.2 企业数字化转型的路径分析

数字化转型已经成为促进企业高质量发展的有效途径，无论是生产、管理还是销售工作，都需要数字技术的支撑才能更加高效、可控。不断涌现的先进数字技术为企业发展提供了良好的技术支持，数据成为最有价值的资源。处于数字时代，企业无不积极地发挥数字技术的优势，弥补管理过程中的不足，各类数字技术在企业日常管理中的广泛应用有效推动了企业数字化转型。

9.2.1 制定科学的数字化转型战略

企业数字化是一项以战略数字化为核心的工程项目。企业可以从要素投入、路径选择、目标设定、转化核心理念等方面加强顶层设计,进行整体规划、系统推进,建立以领导能力负责制为原则的数字化转型体制,制定合乎数字经营特点的组织架构和加快企业数字化转型的激励制度,保证数字化转型战略的成功执行。

(1) 建立数字化企业的战略目标

在数字技术的赋能下,企业管理的科学性得到了显著提升。如果企业在数字时代因循守旧,不能紧跟数字技术发展的步伐,结果只能是被残酷的市场竞争淘汰。作为企业战略转型的第一步,设置企业发展战略和愿景如同给企业注入了数字化发展的基因,从根本层面回答了"企业数字化转型是什么""企业数字化转型如何开展"的问题。企业数字化转型战略不仅是应用数字技术和专用工具,更要注重提高效率、降低成本,并且要通过产品研发、制造和服务项目做出以数据为中心的业务决策。

(2) 评估企业所处的转型阶段与面临的挑战

现阶段,很多企业盲目跟风数字化转型战略的具体活动,而对自身的认识存在较大的误差。处在不同发展阶段的企业也会面临不同的瓶颈问题。为了合理执行每一个阶段的发展战略,企业需要进行详细的数字化转型现状调查并形成严谨的报告。在报告的编写和评定环节,企业需要做好以下三项工作。

①挖掘商业痛点

具体而言,这一项工作就是要综合业务部门、技术部门、支撑保障部门反馈的意见,以业务价值创造和内部协同效率为导向,找到需要解决的业务难题和需要优化的内部流程,深度思考数字技术可以发挥的作用。

②横向标杆比较

具体而言，这一项工作就是要密切关注行业企业的实践活动，横向比较总结企业完成数字化转型的技术、服务平台、模式和计划方案，依据企业自身的发展制定更有创新性和可行性的解决方案。

③明确发展阶段

具体而言，这一项工作就是要在明确自身数字化存在的薄弱点和竞争者信息后，确立自身在行业数字化进程中的位置，弄清当下自身是处于转型的新手入门环节、初始阶段还是成长阶段，为制定下一步转型发展战略提供重要依据。

（3）制定科学的数字化转型战略步骤

企业数字化转型需要结合行业发展趋势制定自己的可行方案。我们在总结大中型企业的数字化转型经验后发现，很多成功的企业尤其是行业龙头企业大多选择了平台化、生态化的发展战略规划，围绕自身搭建客户服务生态系统，引导产业链上下游企业共同实现数字化转型。

企业制定数字化转型战略的过程通常有以下三个步骤。

①进行外部供需分析的数字化和内部组织结构的相应调整

很多企业内部结构存在严重的信息不对称问题，对企业的战略转型存在较大的内部结构性阻力。不同企业的外部情况又大不一样。由于移动互联网的发展，社交网络、手机等移动终端的广泛应用造成外部数据量呈指数级增加，企业能够通过外部数据全面分析供需双方的市场行为，做出更科学有效的商业决策。

②实现战略决策的数字化，并进行商业应用的开发

基础的数字工具应用很容易产生商业洞察，但与管理决策相去甚远。企业要想形成自己的战略，必须拥有以大量数据和调研为基础的战略形成机制。如果要更进一步，企业就必须从战略过渡到行为以实现经济收益。这意味着企业

的数字平台必须具备商业应用开发能力，该能力以场景应用为基础。

③完成具体场景应用的数字化和数据中台的建设

数字化过程中伴随着很多迭代创新，企业必须在不断的场景经验积累中减少试错成本。搭建数据中台能够发挥重要作用，中台最核心的功能是数据和业务能力的可复用性。企业将不计其数的数据资产沉积在中台展开分析，可以降低后续场景创新成本，加快创新速度。在不断创新的过程中，中台能力将进一步得到增强，在数据维度上引发大量的场景创新，促进企业业务水平快速提升。

（4）构建数字化转型成熟度评价指标

企业可能已经在很多方面利用数字工具取得了基本成效，但仍需按时评定数字化转型的效果，总结经验教训。因此，企业务必创建数字化转型成熟情况评价指标体系。虽然企业的评价指标体系各有侧重，但有一些值得关注的共同指标。

①愿景和目标

最初制定的企业数字化转型的愿景和目标是衡量企业现阶段进展、具体与目标之间差距的刻度尺。

② KPI

为了量化数字化效果，避免数字化陷阱，企业应将管理成本、交付效率、研发进展及销售业绩等经营目标纳入数字化转型绩效考核清单，以百分比或总额的形式呈现。

③组织架构

企业在组织架构设计方面需要时刻注意以下问题：当前的组织架构是否合理？能否快速响应各类突发状况？能否增强企业数字化转型的主动性？能否充分发挥数字化转型的创造力？如果发现问题，则及时调整。

④数字化能力

对企业数字化能力的评价取决于企业利用数字工具创造财富的各个方面，

但最重要的是与企业的实际情况相契合。企业必须具备融入自身发展阶段的数字化能力，才能实现数字化愿景落地、达到最终目标。这样组织架构和KPI指标的调整及设置才具有价值。

9.2.2 建立新型的组织管理体系

全局观在数字化转型中至关重要，数字化转型始于创新，由外部因素或内部需求推动引发。外部因素可能在于竞争或政策。例如，数字技术通过搭建精准、及时、泛在的信息交互方式，有效降低交易成本，引导产业组织在机制、流程、形态、管理等方面发生深刻变化。相比外部因素，根据内部需求推动进行创新更加重要。构建企业数字化转型能力，首先需要改变组织的运作机制，将呆板僵化的多层级管理模式转变为高效敏捷的扁平化管理模式，增加组织架构的灵活性。这里的组织既包括IT技术团队或数字化团队，也包括市场、内控、财务、业务等相关部门。全员的同步改变促使企业实现从产品到服务再到流程的全链路进化，最终达到企业层面的转型目标。

（1）构建新型的敏捷组织

传统的金字塔型多层级组织架构体系早已无法满足数字企业对数据驱动决策和即时评定反馈的要求。企业需要构建新型的敏捷组织，工作内容包括内部和外部两方面。

①对内去中心化

制定独立的直接归属于CEO的大数据战略中心，根据数据的决策由上而下地传递给每个工作部门，改变过去的层层审批模式。根据数据的绩效反馈直接通过数据面板可视化，避免层级间的操控。

②对外分散共享

内部结构分散的团队可以迅速重新组合，共享能力，产生完整的新项目交付团队,为外界客户服务。

(2)构建专业的数字化人才体系

企业数字化转型过程中面临两方面的人才培养挑战:一是缺乏数字化人才标准,人才培养方向不够明确;二是培养模式与业务战略缺乏协同,成果转化率低。在数字时代,企业数字化转型需要实现人员、资产和设备的数字化。因此,企业迫切需要加强数字化人才的自我提升、自主经营、自主决策、自主管理和协同能力。一个完备、专业的企业数字化人才体系具有以下三个要素。

①数字化领导人员

数字化领导人员是指具有数字化思维、能自上而下地引领企业业务全流程数字化转型的高层管理团队,如首席信息官和首席数字官等。这类人员需要同时具备适应性和敏捷性的数字化领导力。

②数字化应用人员

数字化应用人员是指应用新技术、基于不同业务场景促进企业数字化转型的首要业务人员,如人力资源、财务、营销及战略等业务的负责人及构架师。这类人员致力于加强应用技术与业务场景的融合,不断创造新的数字价值。

③数字化专业人员

数字化专业人员包括软硬件工程师、操作界面工程师、用户体验工程师及大数据专家等。企业应关注自身人员数字化专业能力的打造。

(3)加强管理数字化建设

管理数字化是指对财产、物资、人员等管理对象进行透明化管理,对管理流程进行智能化改造。管理数字化一般涵盖以下三个方面。

①指令数字化

上下级指令可以借助线上系统开展操作,以最快速度传达给各业务终端。

②信息透明化

打通制造、供应链、战略、人力、财务、研发等职能部门的数据共享渠道，使企业经营管理信息实现可视化、透明化。

③决策智能化

在内外部数据的支撑下，进行数据挖掘，提供洞察，进而驱动智能化的管理决策。数据可以赋能的智能场景包括数据支撑的需求预测、绩效考核、人才招聘等。

（4）推进企业数字化进程

企业数字化走过了一段不断迭代升级的路程。进入互联网时代，企业大量引入了财务管理系统、MES、ERP、OA等信息软件，提升了管理数字化水平。然而，该阶段的业务信息数据化程度有限、关联度较低，并且因为烟囱式管理，多数处于未打通的状态。在数字时代，数据呈现爆炸性增长，具备颗粒度更细和维度更多的特点。大数据技术将海量信息记录下来并成功打通其关联，在算法和算力的支撑下开始给出管理仪表板和智能决策建议，工作绩效被量化，资源配置被优化。数字化成为当今所有企业打造数字企业的基石。

（5）构建并实施数字化企业文化

企业的文化变革在企业数字化转型过程中具有重要作用，我们可从以下三个方面构建并实施对企业数字化转型发挥正向驱动作用的企业文化。

①激发员工的冒险精神，开拓创新思维

企业管理层可通过改变自身的思维模式，进一步激发员工的冒险精神，鼓励员工大胆创新、开拓进取、不惧失败，善于从失败中总结经验教训。

②鼓励合作及价值共创

数字化转型的成功离不开跨职能、跨单位、跨部门的知识共享和共同努力。与传统组织相比，数字化转型迭代节奏快，对组织的透明度和员工的互动程度要求高，企业可以数据资源流通为导向，借助内部论坛加强研究成果的跨部门共享，营造良好的文化氛围。此外，企业还需进一步鼓励员工与外部开展合作交流，增强员工的同理心，帮助员工树立"以用户为中心思考问题"的思维，更好地进行产品开发和改进，提升用户体验满意度。

③加强审查组织环境领域，激励员工的创新行为

为了成功构建满足数字化转型需要的企业文化，企业可通过审查非正式沟通、文化价值观、共同愿景使命、资源管理流程优化、科研人员激励、绩效管理、创新组织设计及数字化领导力等众多组织环境领域，推行创新行为，抵制不良行为，做出具体的改变。

9.2.3 创新数字产品、服务及商业模式

在新的消费时代，企业务必重构自身的运营模式，迅速满足消费者随时变化的需求。数字化转型为企业带来了可用于渠道、产品、用户、服务等方面的实用工具，为企业内部运营搭建了管理和供应链两个数字平台，最终形成宝贵的数据资产，产生完善的闭环服务体系。

（1）加强产品数字化创新

产品数字化就是指产品研发设计方案以数据为基础，大数据技术在产品定义形成、建模设计方案、产品测试和投后优化提升的全过程中起主导作用。制造产品是商业服务交易行为的开始，应当成为"以用户为中心"的数字化起点，但流程繁杂、角度多维。传统观点存在一个误区，即通过分析用户评价等数据，有利于产品的改善和迭代更新，越来越合乎用户的期望。但是，全方位的产品数字化研发平台不仅涵盖艺术创意，也涵盖流程，一是在创新环节给予设计灵感，二是在开发过程中实现智能化和专业化。

在产品设计研发环节能应用到大数据技术的场景，包括但不限于以下三种。

①以知识图谱技术构建研发知识体系

在产品概念阶段收集外界互联网品类信息等第三方数据，掌握目标用户对该品类的感情喜好和功能需求，以第二方销售数据为辅助支撑；同时，整合企

业内部市场调研、研发设计等文档数据,搭建以大数据融合为基础的品类知识图谱,使产品管理决策团队建立直接访问数据可视化的知识系统,迅速开展定义形成。

②根据建模和分析服务支持产品检测

以大量工艺数据、配方及标准参数为基础的计算机建模和虚拟仿真可配合实验室测试,提高产品研发速度。

③利用终端数据具体指导产品提升

通过智能传感器,及时收集用户使用数据;或开辟社群分享渠道,收集用户满意度,抓住销售机会,改进产品功能和服务体验。将持续积累的用户数据汇入知识图谱,使企业内部知识网络得以体系化发展。

换句话说,数字化产品以数字化为着眼点,根据场景化体验、云体验和远程连接为用户提供前所未有的产品体验价值。数字化产品以数字制造、数字设计为手段,以产品生命周期管理为新的管理模式,提高创新速度,增加创新力度,迅速满足用户对产品的个性化需求。

(2)加强渠道数字化创新

数字渠道利用大数据技术优化营销网络与品牌商之间的接口方式,能够更好地控制终端,提高渠道效率。传统的经销分销体系效率不高,无法满足快速响应的要求。因此,致力于B端融合的第三方渠道服务商兴起,甚至出现了部分以直采为特点的零售新物种,大大缩短了价值链环节,整个渠道网络的发展趋势呈现高度创新化和多元化。依靠大数据技术,品牌商可实时触达全渠道,优化渠道布局。大数据的应用和渠道布局的优化主要涉及以下三个方面。

①发展多元分销渠道,完成线上即时连接

搭建一个数据接口统一、拥有动态可视化和清洗融合能力的渠道数据管理系统,将传统线下门店、经销商、代理商、分销商、第三方渠道服务商、新零售物种等终端数据上线,实时监管数据。

②绘制智能销售分布地图，合理配置销售资源

将地理大数据、运营商数据、用户画像等数据，与零售终端的 KPI 表现、类目、品牌销售主要表现等数据进行叠加及深度分析，获得渠道能力；将产品铺装在最佳终端，分派所需的销售网络资源，具体指导不同的渠道组合，提供门店智能选址。

③丰富终端运营手段，提升渠道管理效能

借助线上的数据共享，提供持续不断的交易数据，制定更科学的营销措施，协助终端缓解进货和销售压力，进而提升终端渠道的销售能力。

（3）推行用户数字化管理

用户数字化是指对选购用户的数据进行全面管理，并加以搜集、处理、剖析和利用，进而更好地协助企业完成目标用户从路人到粉丝，再从粉丝到真实用户的转变。没有一家企业不愿得到尽可能多的用户数据，不论是有关其特性、爱好、消费金额，还是消费频率。这些数据都是可以通过大数据技术逐渐积累的，前提是企业对终端有足够强的控制能力。自有铺设门店和终端品牌的企业也承担了零售商的角色，有能力通过建设会员中台对其用户或会员数据进行资源化处理。

以移动渠道或线上购买渠道为基础产生的行为数据，可与微信公众号、支付宝生活平台和微博粉丝服务平台相连接，进而支撑品牌商进行多账号、跨平台的用户管理。基于会员中台管理系统，跟踪用户在各平台的行为轨迹，自动给用户打上标签，实现产品精准推送。线下终端的购买行为数据也可通过微信、会员卡、Face ID（苹果官方脸部认证）等方式加以连接。在新零售格局下，线上线下全渠道融合打通，实现会员一揽子管理，已经成为企业数字化转型的新要求。

（4）推进数字化服务转型

充分运用大数据、物联网及云计算等数字技术，加速服务类企业由传统的

响应型向主动作为、实时感知的服务型转型,实现产品主动服务、远程诊断、需求预测、场景感知和远程连接。

①加强服务产品化创新

从购买产品本身过渡到购买产品的使用价值,通过大数据赋予的服务体验将推动企业从售卖产品向售卖服务转变。

②加强其他商业模式创新

商业模式创新的方向包括开展个性化定制、按需供应和开放式协同等。企业应提高利用数字化工具的能力,以用户体验为中心,探索符合未来发展趋势的创新性产品及服务。

(5)加强供应链数字化建设

供应链涉及众多环节,包括原材料采购、研发设计、市场推广和产品销售等,是一个由上游供应商、中间制造商、下游品牌商、零售商及最终用户构成的功能性网络结构。数字供应链即借助物联网、人工智能和大数据等新一代数字技术,实现供应链网络的智能化、自动化和透明化。供应链相对冗长,其数字化过程是渐进的。到以消费升级为特征的后买方时代,供应链需要快速响应用户的个性化需求,数字技术因而赋能高效的新零售渠道、智能化仓储和即时物流崛起。同时,数字技术在未来有望协助供应方、制造方、品牌方、销售方及物流方等供应链企业上下联动,实现产品灵活供应和个性化定制。因此,供应链管理逐步向供应链平台层级迈进,而供应链数字化转型的终极便是供应链平台化。一个由数字技术赋能的供应链平台是对企业产品、渠道、用户和服务数字化的强力支撑。

9.2.4 加强数字化基础设施建设

企业数字化转型的底座和必要条件就是数字化基础设施建设,包括网络基础设施建设、云开放能力建设和云平台基础设施建设,在此基础上进行企业数字化平台建设。企业数字化转型突出表现为企业运用物联网、5G、边缘计算、云计算、窄带物联网(Narrow Band Internet of Things,NB-IoT)等技术,增强硬件设施的安全防护和互联互通能力,实现系统、接口、网络连接协议的标准化升级。

(1)网络基础设施建设

网络基础设施建设即企业采用网络通信技术,实现物与物、物与人、人与人之间的广泛连接,搭建企业内外部的泛在连接网络。一是应用物联网、蓝牙、Wi-Fi 及宽带等技术,在企业空间活动范围组建内部专业核心网络。二是应用物联网和公共移动网络通信技术,在企业内部空间活动范围构建虚拟专网,对企业网络基础设施进行补充。三是借助移动通信网络和公共宽带建立企业内部与外部环境的强连接关系,推动企业网络基础设施更具开放性。

(2)云开放能力建设

云开放能力建设是在软件、虚拟化等 IT 技术的支持下,实现企业能力封装和云化,并对内对外开放。一是企业亟须对各种人、财、物资源进行软件定义和虚拟化处理,同时开展能力封装和云化部署,提高资源的对内共享和对外开放能力。二是企业需要对一些成熟的业务及服务进行能力封装、标准化和云化部署,通过通用化,这些业务及服务的应用规模得到进一步扩大。

(3)云平台基础设施建设

云平台基础设施建设是通过应用边缘云技术和云技术,搭建企业云架构和云资源池,助力企业云化运行。一般企业可借助公共服务企业的云架构和云资源池构建专属云;高度关注安全的企业可借助边缘云技术和云技术构建自主开发的云资源池,加快各类平台的云化部署。

(4)数字化平台建设

数字化平台建设即对企业的共性需求进行抽象化处理,将这些需求打造成为功能部件化、模块化和平台化的系统,以接口、模块、组件等形式供给企业各业务部门使用。因此，企业能够方便地针对具体问题快速灵活地调用相应的模块和功能部件，构建最优解决方案，为业务优化和创新服务。企业的数字化平台建设分为三个阶段。一是建立统一的标准和规范的流程，方便各部门之间实现业务互联、资源共享和信息互通。二是对各部门的数据进行汇聚、整合、提炼和优化，形成重要的数据资产，反哺和服务企业。三是根据业务内容划分不同的功能模块，共享和调用公用模块，形成功能化、模块化的架构，方便企业实现新旧业务的更新迭代。

9.2.5 推进释放数据价值，创新数据应用

当企业实现了产品全生命周期、生产经营各环节的即时通信和泛在连接时，产业链上下游各流程环节间的数据流通速度就会加快，能创造更鲜活的价值，开发成本降低；数据能更好地融入企业战略、业务、治理和架构中，全面提升企业效率，优化业务布局。数据要素被纳入企业资产核算，数据逐渐取代技术成为驱动企业竞争的核心要素，数据管理成为企业必备的基本能力，掌握数据资源的多寡、运用数据能力的优劣直接关乎企业未来的发展。

（1）重视数据采集和积累，加强大数据分析与应用能力

运用数字技术拓宽数据采集的范围和深度，可以有效推进企业各业务环节的数字化建设。运用数字技术实现业务数据的集中、统一、融合，能够有效推动企业信息系统优化和完善。企业应采用移动通信技术（4G/5G）、智能传感技术感知和实时采集数据，并将采集的数据集中起来，用统一、规范的标准整合数据，实现企业数据的高效传输、存储、共享和处理，提升企业的数据管理和运用能力。

通过大数据采集和可视化分析，进一步创新企业管理模式和盈利模式。运用数据挖掘及人工智能技术对已有的数据进行归纳和演绎推理，探寻和发现产品在生产及经销等不同业务场景下的盈利模式。通过挖掘其背后的逻辑关系，

从收集的已知数据里可以预测或推测其他潜藏的商业行为和盈利模式。

（2）重视企业数据安全，提升数据资产安全防护能力

数据安全对于企业有序开展数字化转型工作至关重要。企业在加强自身数字化建设能力的同时要密切关注数据安全，制定相应的数据治理策略，保障数据资产安全。具体措施如下：一是增强企业员工的数据安全意识，定期开展数据安全教育培训；二是建立数据文件的分级保密制度，按照数据的性质进行分类，将其限制在指定的管理层级内，密切监管重点岗位的核心数据，避免数据资料外泄；三是及时查补系统漏洞，做好系统升级工作，对企业数字化系统和平台进行安全评估，发现安全隐患或病毒攻击就及时防范和修复。

因此，企业数字化转型的终极目标是成为数字化企业。数字化企业对技术、资本等传统要素资源的依赖度下降，其业务增长主要靠数据要素驱动，企业由过去的经验决策转变为智能择优，创新模式由串联演进转变为并行迭代，组织形态也由垂直化领导向扁平式自组织过渡。显然，数字化企业更能应对市场环境的不确定性。

9.3 企业数字化转型的典型案例

企业数字化转型是一项包括战略、管理、商业模式及技术等多个方面的工作。目前，我国企业数字化转型进入发展期，各方面都涌现了大量的成功案例。本节选择一些优秀案例，供读者参考。

9.3.1 企业战略数字化转型典型案例

目前，我国众多龙头企业的数字化转型成效显著，已由最初的尝试探索阶

段发展到以数字技术驱动运营阶段,头部企业优势进一步扩大。其中,在企业战略数字化转型方面,石化、能源、交通运输类央企成为数字化转型的排头兵,它们提出了"数字中国石油""432 工程""数字电网""国家能源集团数字化转型战略"等战略,推出了"数字铁物""智慧能源数据平台"等战略步骤设计,在重点领域率先实现突破,为实现全面数字化转型奠定了基础。反观绝大多数中小企业的数字化转型成效与进展却不够显著。统计数据表明,我国中小企业的数字化转型比例仅为 25%。

⊃ 数字化转型战略目标建设典型案例

(1) 中国石油提出"数字中国石油"战略目标

中国石油天然气股份有限公司(简称"中国石油")提出了"数字中国石油"总体战略目标,计划于"十四五"末初步实现"数字中国石油"战略,利用自动感知设备对油气产业链的相关运行数据展开实时采集,打造全方位的互联互通,广泛收集内外部数据,借助相关数字技术不断优化运营效率和业务执行。在主营业务板块,中国石油充分借助大数据、人工智能等数字技术开展新产品的研发,促进科研成果转化,致力于打造智能工程、智能炼化、智能油气田及智能销售等重点项目。

(2) 中国石化提出"432 工程"总体思路和目标

中国石油化工集团有限公司(简称"中国石化")采用"平台+数据+应用"的发展模式,加大对工业互联网、物联网、数据中心等新型基础设施的建设力度,搭建"云生产、云管理、云服务、云金融"四朵云,更好地赋能全产业链各领域业务创新;统一完善网络安全体系、信息和数字化管控体系及数据治理与信息标准化体系,打造稳定可靠、高效敏捷的数字化服务平台和数字技术支撑平台,筑牢企业数字化转型的基础;深入推进企业"上云用数赋智",加大对 5G、人工智能及大数据等新一代数字技术的应用,引领产品创新、技术创新和商业运营模式创新,提升产业链的智能化、网络化及数字化水平,做大做强新业态、新产业。

（3）南方电网提出建设"数字电网"和绿色能源供给体系

中国南方电网有限责任公司（简称"南方电网"）提出了建设"数字电网"，提高能源配置效率，用数字技术赋能能源消费革命，通过"电力＋算力"支撑绿色能源供给体系，打造一批"AI＋能源"应用示范项目，高标准抢抓数字电网国内国际创新高地；通过发展数字产业和新型基础设施建设提升能源产业链的价值和竞争力，计划在2020—2022年投入1200亿元实施62个重点项目，支持电动汽车充电、数据中心运营、通信资源共享、智慧城市及数字政府等领域的发展。

（4）国家能源集团明确数字化转型发展目标

国家能源投资集团有限责任公司（简称"国家能源集团"）制定了"国家能源集团数字化转型战略"，编制了《国家能源集团网络安全和信息化"十四五"总体规划》，明确了数字化转型发展目标，即智能化生产、产业链协同、生态化协作、数字化运营和平台化发展，制定了规划、标准、投资、建设、管理、运维"大集中"和"六统一"原则，推动生产、运营、管理的智慧体系构建，加大科研创新力度，不断加强新一代数字技术与能源生产、运输、消费等环节的深度融合，重视数据治理。为了打造覆盖总部、子公司和三级生产单位的工业互联网平台和智能化协同调度指挥平台，国家能源集团斥资2.9亿元。

◆ **数字化转型战略设计典型案例**

（1）中国铁物"数字铁物"规划步骤设计

中国铁路物资股份有限公司（简称"中国铁物"）提出了分步实施数字战略规划的思路。第一阶段整体布局企业的数字化战略，保障企业线上流畅运作；第二阶段提升企业数字化运转能力，加强行业资源整合力度，构建对数字经济发展有利的良好生态。未来，中国铁物重点建设大宗商品交易电商平台、智慧物流平台和数字化轨道交通供应链服务平台。

（2）中国华能"智慧能源数据平台"建设规划

中国华能集团有限公司（简称"中国华能"）将全面实现数字化转型作为国企改革三年行动重要成果，把建设智慧电厂、智慧矿山等数字化转型示范项目纳入总体愿景。第一阶段计划基于新能源智慧运维平台，将所有光伏、风电数据接入智慧能源数据平台；第二阶段将核电、火电、燃机、水电等数据接入智慧能源数据平台；第三阶段实现企业的全面数字化转型。

（3）中国海油提出数字化转型的六项重点工作

为了部署数字化转型战略，中国海洋石油集团有限公司（简称"中国海油"）重点落实以下六项工作：一是做好"十四五"数字发展规划和2021年企业工作计划，加强数字化顶层设计，统筹推进数字化各项工作落地；二是抓好数字化生产建设，大力推广人工智能、北斗导航、5G等新兴技术在生产企业核心业务中的应用，提升作业安全保障能力和生产效率；三是推进渤海湾区域网络基础设施和融合基础设施建设，扩展海上5G覆盖范围；四是落实数据标准建设，推动数字资源整合，加快数据资源共享，搭建一体化共享服务平台和管理经营平台；五是紧抓海外IT信息共享服务平台建设，保障集团有效管控海外业务；六是突出电商平台等业务系统应用。

9.3.2 企业管理数字化转型典型案例

近年来，随着数字技术迅速发展，很多企业的管理数字化转型取得了良好的发展成效，但仍面临一些短板，主要表现在数据多而杂、数字技术应用不足、平台间数据还未完全打通、平台赋能存在一定的局限、队伍的数字化综合素质有待提高等问题。推动管理数字化转型，企业需要主动探索更符合自身实际需要的数字技术的创新和应用，更需要选准数字化转型核心，集中分析、集中建设、集中解决，一步一个脚印地踏实前行。只有这样，企业才能在数字化转型的道路上行稳致远。

（1）华为的数据管理体系

华为技术有限公司（简称"华为"）数字化转型的核心在于数字化运营和数据治理，有助于企业保障数据源头的数据采集质量，打破数据壁垒，加速数据共享流通，保护数据隐私安全。自2007年起，华为就开启了数据治理，经过以下两个阶段的变革，建立了系统的数据管理体系。

第一阶段：2007—2016年。

一是华为在该阶段成立了专业的数据管理组织，发布数据管理政策，明确数据管理流程，建立标准统一的数据管理架构，提高数据的可靠性，确保数据真实反映企业的相关业务，降低经营风险；二是贯通了全流程数据，借助数字技术实现业务的标准化和数字化，以及上下游数据的融合贯通，提高企业运行效率。

第二阶段：自2017年至今。

华为在该阶段对企业全域数据展开汇聚，实现了数据的全方位连接，构建了数据基础底座，从根本上保障了业务可视化和决策高效化；通过数据隐私保护与安全防护、数据地图、数据服务，实现了数据安全透明、随需共享的目标，有力支撑了企业数字化转型；通过对业务规则进行算法化和数字化处理，并将业务规则嵌入业务流，实现了业务的自动化；通过洞察用户数据，寻找新的市场增长点，打造差异化竞争新优势。

（2）万华化学深化数字化文化理念

为了加强数字化意识，万华化学集团股份有限公司（简称"万华化学"）自2019年起组织开展了丰富的文化活动，如"文化故事讲堂""赋能业务、创造价值研讨会"等，通过引领学习深化企业数字化文化理念。每一项新技术都会对企业产生深远的影响，万华化学高度关注前沿技术，成立了相应的研究小组,每周对 5G、区块链、3D 打印、AI 等前沿技术相关领域进行分享,激发员工的创新意识。通过设置数字化项目优先机制、加强数字化宣传树立数字化价值导向,万华化学对每一个项目都进行 ROI 分析,优先实施投资回报率高的项目。同时,万华化学成立了文化宣传小组,从信息文化建设、项目成果、专业技术等维度全方位宣传企业的数字化建设,使员工明确信息中心的定位,加深对数字化的理解。

(3)四川长虹建立以用户为中心的数字化思维和文化

四川长虹电子控股集团有限公司(简称"四川长虹")以企业的智能战略为基础开展数字化转型,打造以用户为中心的企业数字化文化。根据业务板块的不同,四川长虹提倡具有差异性的数字化思维。管理人员需要树立"绩效和革新"思维,倡导绩效为上、责任在我、事业为先;研发人员需要树立"迭代和体验"思维,倡导追求完美、执着坚韧、专注用户消费体验;制造人员需要树立"有我便能"思维,倡导迅速响应、注重细节、精益求精;营销服务人员需要树立"沟通与体验"思维,倡导服务迅速响应、注重用户体验、互联网化对接沟通方式。四川长虹力争让全体员工以用户为中心,提高产品质量和服务水平,优化用户体验,全方位推进企业数字化转型。

(4)中化能源搭建智能化 HR 平台

中化能源股份有限公司(简称"中化能源")的业务涉及勘探开发、能源科技、园区建设、石化销售、油品销售、石化仓储、石油炼化及石油贸易等。为了更好地适应内外部环境的变化,改善企业经营管理,增强员工体验,中化能源决定重构人力资源系统,涉及公司本部及分支机构共 45 家单位。借助数字技术和工具,中化能源搭建了一个全员覆盖的多层级数字化人力资源管理平台,实现线上审批流程的标准化,更便捷地管理人事,简化管理审批流程,方便数据分析。在业务规范上,中化能源对能源加油站的薪酬标准化、奖金核算等人力资源管理业务流程展开统一规范;在数据体系上,为提高数据的准确性和人力资源报表的实时性，中化能源构建了一套更具规范标准的数据编码体系；在用户体验上，员工可借助任意设备随时访问平台，及时掌握所需信息，提高任务完成效率。

9.3.3　企业商业模式数字化转型典型案例

业务拓展的需求和行业创新的突破是推动企业变革的重要因素。为了与行业发展大势同步不掉队，不少企业以供应链管理和业务运营为切入点，拓展供应链协同范围，创新业务管理模式，积极开展了商业模式方面的数字化转型。

◐ 产业链数字化转型典型案例

（1）伊利形成全产业链数字化生态系统

作为亚洲第一乳业企业，内蒙古伊利实业集团股份有限公司（简称"伊利"）很早就制定了"数字伊利"战略。伊利践行"内强基因，外构生态，打造数字化产业链"的数字化转型理念，期望通过运用数字化工具建立数字化模型，培养数字化思维，打造数字经济全产业链，推动产业链建设，促进行业高质量发展。伊利通过数字化实践不断健全"牧场—工厂—终端"的全产业链数字生态系统。

在牧场端，伊利积极建立了包括牧场设备、营养饲喂、库存管理和奶牛管理等板块的牧业管理系统，数字化改造升级牧场工作流程，借助管理系统实现工作人员对奶牛的实时动态管控，通过运用电子耳标摆脱粗放式管理，开展健康护理和科学饲养，实现了管理细化和效率提升。

在工厂端，伊利开发了制造执行系统（MES），能够将数字信息及时反馈给管理者，通过汇总计算各项指标并对其进行多维度对比，推进管理流程的高效化、透明化和精细化。生产制造环节面临的潜在风险可借助数据挖掘和分析技术加以捕捉，从而更科学有效地预防食品安全风险。

在外部终端，伊利推行覆盖产业链上下游的数字化系统，构建产业协作新生态，自主研发设计了地理大数据系统。借助地理大数据系统，伊利又建立了精准门店管理系统。目前，该系统覆盖全国300多个城市、500多万个网点、几十类业态的集团门店。

经过全产业链数字化升级，伊利已经在相关业务领域形成了数字化闭环，走出了独特的转型之路，为广大消费品企业提供了极具参考价值的数字化转型示范。

（2）蒙牛用数据赋能全产业链

与其他产业相比，乳业产品需经过畜牧业生产、工业加工及服务业经销环节，面临的产业链长且环节复杂，产生的数据量多，对先进数字技术的需求更加迫切。内蒙古蒙牛乳业（集团）股份有限公司（简称"蒙牛"）以用户为中心，从保障产品质量、提升奶源水平、满足消费升级需求、推动创新引领等角度开展数字化转型，是行业内对产业链进行数据赋能的领先企业之一。早在2015年，蒙牛就通过财务数据共享平台开展理财、共享结算、掌上资金、电子流程审批等业务，助推生产、服务等业务板块的高质量发展。

当前，蒙牛积极推行数字化转型，与战略伙伴合作建立了翔实完备的牧场管理标准体系，加速牧场集约化、现代化、规模化建设。在集约牧场内，运用电子耳标建立全部奶牛的专属健康档案，在部分高端化的牧场更是为奶牛配备了电子项圈等复杂系数更高的传感器。通过传感器设备，对奶牛的生存环境、个体状态进行监测和数据收集。通过数据分析模型锚定影响奶牛生产力的关键因素，并对其进行优化调整。

此外，蒙牛与西门子、IBM、SAP等企业进一步深入合作，在全行业率先部署了企业和实验室协同管理系统，打造近千台检测仪器、数百种型号和整个生产体系的有机闭环。牛奶的生产工艺复杂，每天会产生数十万份数字检测报告。协同管理系统能最大程度地防止人为干预报告结果，监控报告中的异常数据并发出报警，全面提升了整个生产工艺的风险防控能力。同时，该系统也让产品的一键式追溯成为可能，充分保障了产品的质量安全。

在产业链下游，蒙牛致力于实现销售、运营、管理的智能化。大数据可以让企业更细致地洞察用户偏好，升级更新产品，在产品、品牌商和用户之间建立紧密的联系，提高用户消费体验的社交性和互动性。蒙牛在2017年与阿里零售通建立了战略合作关系，探索无人便利店和智能货架，拓宽销售渠道。同年，蒙牛与京东开展合作，京东为蒙牛提供更加开放的数据，全面提高蒙牛的营销能力；同时发挥在区块链方面的技术优势，提升蒙牛产品的追溯能力。

➲ **运营数字化转型典型案例**

在数字化赋能新零售的背景下，企业会员服务及门店运营的方式发生了颠覆性变革。相对于传统CRM系统低水平且孤立的会员数据，新零售企业的用户信息呈现出数据源更丰富、颗粒度更细致、内容更全面的特点，产生了基于会员中台、用户数据平台（Customer Data Platform，CDP）、社会化客户关系管理（Social Customer Relationship Management，SCRM）、私域流量平台的全新运营体系，打造了一个从用户画像与洞察、会员体系、精准营销、会员/门店精细化运营、线上商城变现到活动效果评估的完整商业闭环。

（1）盒马鲜生以数字化赋能新零售

盒马鲜生隶属于阿里巴巴旗下的新零售超市业务板块。作为新零售时代现象级企业，盒马鲜生的数字化表现在服务用户过程的各个环节中。

①智能选址选品

由于门店仅支持支付宝支付，结合支付宝实名认证机制，盒马鲜生将用户的真实信息与支付宝会员数据及电商交易数据打通，并通过用户分布密度和消费能力数据指导门店选址；同时可以根据淘宝电商平台的线上销量数据获得爆款产品，指导线下选品。

②精准营销

借助大数据获取更完整的用户画像，营销更契合用户的消费心理；针对具有高频需求、价格敏感的产品采取促销策略,通过 App 直接发放优惠券,实现线上和线下用户的循环导流,助力提升复购率。

③智慧门店运营

店内产品使用电子标签,实现价格线上线下联动,便于调整价格;店内设有无人收银台,缩短用户排队等候的时间;支持盒马 App、支付宝无现金付款模式;实时监控产品动销,店员可依据掌上电脑(PDA)提供的数据指导补货及库存盘点;使用传送带运至后仓合单,线上订单则通过智能调度系统规划分拣动线及配送路线。

④智能物流

门店实行前店后仓、店仓一体的经营模式,可以实现 3 公里范围内 30 分钟即时配送。除了线下体验、销售和餐饮功能,门店也是线上厂的前置仓。线上下单后由最近的门店进行分拣、拆单、合单等操作,门店自有骑手团队配送到户。每日用餐点为物流高峰期,为了提高配送效率,盒马鲜生依托阿里云计算能力和支付宝会员数据沉淀,在优化配送策略方面提供支持。

盒马鲜生在数字化赋能新零售方向的探索使其成为行业内唯一实现线上订单比例超过 50% 的企业,在全渠道运营、用户数字化、管理数字化方面是当之无愧的行业引领者。

(2)顺丰速运建立新零售行业物流配送体系和供应链体系

物流企业对新零售领域的探索在 2010 年之前就已经开始,然而过程并非一帆风顺。作为物流行业最有代表性的企业——顺丰速运,近年来在零售业态上动作不断。

2017 年,顺丰速运正式上线无人货架,成为加入无人货架的首家物流企业。

2018 年 6 月,顺丰速运打造的"Wow 哇噢全球精选店"在重庆解放碑商圈落地。该实体零售门店的商品由海外专业买手团队挑选,并且全面融入了人脸识别、自助付款、行为分析等技术，支持消费者购物全程自主化操作。消费者既可以在选定商品后自主扫码付款，也可以在小程序付款后再从货架上自取。

在主营业务方面，顺丰速运的同城配送板块向零售企业提供两种服务，一种是帮助麦当劳、瑞幸、喜茶等商户向 C 端消费者配送餐饮，另一种是帮助个人送急件。顺丰速运拥有强大的配送能力和规模庞大的物流数据，弥补了它在门店管理数据、消费者数据方面的不足。利用自身核心物流基础设施和数据资产，顺丰速运构建了独具特色的即时送达服务能力。

9.3.4 企业技术数字化转型典型案例

企业技术数字化转型的成熟案例大多出现在有一定规模和行业地位的集团性企业身上。这些集团性企业通过整合数据、共享资源、大胆尝试新模式及新技术，积极应用新概念，走出了符合自身发展要求的技术数字化转型之路。

（1）海尔集团 IT 布局整合共享资源

海尔集团的业务涉及家电、物流、金融和地产等多个行业，在集团内部逐渐形成了共享的 IT 体制，既满足产品技术所需，又能进行横向资源整合。基于此，海尔集团的信息技术布局主要包括四个方面。

一是云战略，包括建设混合云、公有云及私有云，结合行业领先技术与海尔的实际情况，全面统筹企业信息安全、大数据和数字化运营。

二是信息安全，以云战略为支撑，搭建数据管理、安全应用等相关平台，实现数据的可追溯、可监控、可审计、可授权、可认证。

三是大数据，搭建统一分析平台和数据存储管理平台，实现包含社群及媒体传播、物联网、经营管理及用户行为等全面数据的接入，同时优化模型及算法，实时分析并缩短分析周期，提升业务洞察能力。

四是数字化运营，以云战略为依托，对海尔工业互联网平台和开放平台进行更新迭代，提高应用开发的组件化和敏捷化，创新业务流程，改进用户的消费体验；建设数字化运营监控平台，实现全面数字化。

（2）Capital One 运用大数据和机器学习等数字技术加速以用户为中心的创新

2012 年，信用卡巨头 Capital One 开启业务转型，以提供个性化服务银行为目标，旨在打造一家"从事银行业务的技术公司"，而不是只利用技术的银行。该公司构建个性化应用程序，采用云计算，实施敏捷软件开发，利用大数据和机器学习更好地了解用户。2020 年 11 月，该公司宣布关闭其 8 个本地数据中心，成为美国第一家将所有应用程序和系统转移至 Amazon Web Services 的银行。这项云优先策略帮助 Capital One 及其数字化转型团队摆脱了基础架构的制约，专注于加速以用户为中心的创新。

（3）特斯拉用数字技术重新定义汽车制造及驾驶方式

特斯拉公司是智能汽车制造商，它将数字技术融入驾驶体验，以无线方式更新软件，从用户体验出发制定更高的企业标准，成为汽车行业数字化的推动者。特斯拉公司转型成功的关键原因在于两点：一是将数字技术与汽车生产制造相融合，重新定义汽车驾驶方式；二是在销售环节淘汰中间商。

特斯拉公司通过自有网站与消费者直接对接，实现产品的售卖。因此，企业能够掌握一手的消费者数据，直接掌控消费者从搜索产品开始的全程消费体验。诸如此例，正是特斯拉公司这种不断创新的做法使其在汽车制造行业中稳稳地占据了优势地位。

第 10 章

产业数字化发展新趋势

2020年6月，国家信息中心信息化和产业发展部与京东数字科技研究院在京联袂发布了《携手跨越重塑增长——中国产业数字化报告2020》。该报告首次专业阐释了"产业数字化"：产业数字化是指在新一代数字科技的支撑和引领下，以数据为关键要素，以价值释放为核心，以数据赋能为主线，对产业链上下游的全要素数字化升级、转型和再造的过程。随着数字技术的不断升级，产业数字化的发展趋势逐渐清晰。

10.1　技术融合创新驱动力进一步凸显

产业数字化具有以下特征：一是以数字科技变革生产工具；二是以数据资源为关键生产要素；三是以数字内容重构产品结构；四是以信息网络为市场配置纽带；五是以服务平台为产业生态载体；六是以数字善治为发展机制条件。这些特征无一不在说明，产业数字化需要技术与产业不断深度融合并持续创新。

10.1.1　技术创新备受关注，技术融合态势显著

2022年的《政府工作报告》中提出：加快发展工业互联网，培育壮大集成电路、人工智能等数字产业，提升关键软硬件技术创新和供给能力；完善数字经济治理，培育数据要素市场，释放数据要素潜力，提高应用能力，更好地赋能经济发展、丰富人民生活。另有很多委员对技术创新发表意见：第十三届全国政协委员、新华联集团董事局主席傅军在《关于建议国家应大力支持与鼓励科学技术创新的提案》中提出，国家应采取一系列过硬措施，大力支持和鼓励科学技术创新，特别是加速推进核心技术和"卡脖子"技术的创新；全国政协委员、中国一重集团有限公司党委书记、董事长刘明忠在提案中表示，要推进技术技能融合，完善基层创新体系，坚持把科技创新动能深深根植于研发生产一线；全国政协委员、民建天津市委会副主委、庆达投资集团有限公司董事长

孙太利表示，要加大区块链、大数据等技术融合应用，完善专项中小企业工业互联网数据平台，并健全权益保护体系，创造优质应用环境。以上不论是政府发布的文件，还是企业领导的提案，均在强调加快产业数字化转型需大力推进技术创新。

技术创新的未来在于融合。当前，我国技术融合已进入快速发展时期，各项技术的融合发展将作为基础设施底层应用到实体经济上，成为产业数字化建设的重要支撑。随着大数据、云计算、人工智能、物联网及5G等新一代数字技术的不断突破，并广泛与生物技术、新材料技术、新能源技术、空间技术及海洋技术不断交叉融合，产生的高精尖技术带领人类走进智能时代。技术的融合已成为促进全球各类产业发展的重要手段。

10.1.2 技术融合创新驱动产业数字化转型

技术融合是产业数字化转型的驱动力，是促进包括产业基础设施、生产运营、服务等多方面的产业数字化转型的重要手段。它对产业数字化转型的驱动作用主要体现在以下三个方面。

（1）驱动新型基础设施建设

依托技术融合的创新优势，加快建设金融、互联网、地产、医疗、物流、制造、电信及能源等各行业产业链新型基础设施建设。2022年1月，《"十四五"数字经济发展规划》中强调：要实施推进信息网络基础设施优化升级工程，建设高速泛在、天地一体、云网融合、智能敏捷、绿色低碳及安全可控的智能化综合性信息基础设施；要加强大数据中心、智能计算中心布局建设，加快实施"东数西算"工程，推进云网协同和算网融合发展，稳步构建智能高效的融合基础设施。作为技术融合创新的重要成果之一，大数据中心、智能计算中心的建立为数字化转型提供了必要的新型基础设施，为数字经济发展提供了新机遇。

(2) 驱动生产运营数字化

大数据、人工智能、5G、物联网等技术融合应用于产业链生产运营阶段，可有效实现作业现场全要素、全过程自动感知，提高生产过程运行质量、生产效率和资产运营水平，真正实现企业生产提质增效。

(3) 驱动服务数字化转型

通过大数据、云计算与人工智能技术的融合，可智能分析用户需求及喜好，构建基于用户的数字化营销网络，实现对用户需求的实时感知、智能分析和精准预测，有针对性地为用户提供服务，促进服务数字化转型。

10.1.3 技术融合创新既有优势又带来挑战

新一轮科技革命和产业变革不断加快，不断推动数字技术更迭和技术融合性突破，引发生产方式产生深刻的变革。这为我国数字化发展带来了机遇，同时也带来了严峻的挑战。

(1) 各产业亟须改善核心技术的薄弱环节

现阶段，我国高新技术研发过程中涉及的关键器件大多依赖进口，核心技术处处受制于人。工业互联网、工业云服务与智能运营平台等制造业新型基础设施的核心技术支撑力存在不足。各产业均亟须加快核心技术的研发，实现高新技术器件自给自足。

(2) 各产业亟须加强信息安全技术研究与建设

工业网络、工业云、工业大数据平台、工业控制系统的安全防护能力薄弱，信息安全测试、评估、验证能力不强，严重的会带来信息安全隐患。各产业均亟须加强信息安全技术研发，制定安全评估防护标准，提高安全防护能力。

（3）各产业亟须建设数据权属保护机制

随着大数据时代的到来，数据确权问题引发了各界关注。技术融合创新驱动产业数字化发展的同时，产业数据的权属不明确也将带来诸多隐患。各产业应尽快对数据进行确权，促进数据的使用合理化。

10.2　组织架构优化及商业模式变革成为企业转型的焦点

数字化转型要求企业组织进行开放化、协同化变革，这是未来趋势。不变革意味着组织架构固化，管理低效，无法适应新兴业务的快速发展。另外，企业的商业模式是企业发展的重点，影响企业的盈利情况，关乎企业在行业中的地位。因此，企业的组织架构和商业模式都亟待数字化转型。

10.2.1　数字产业发展推动产业数字化转型

近年来，数字产业发展迅猛并逐步成为引领社会变革、推动经济高质量发展的重要引擎，促进我国数字经济规模不断壮大。在国内国际双循环的背景下，数字化转型已成为企业科技创新治理的必由之路。经过多年的规划和引导，许多企业组织已经大踏步向数字化转型迈进。数字化转型战略不仅能够赋能企业降本增效，同时也成为企业找寻自身价值定位、重构商业模式的重要契机。

10.2.2　企业组织架构优化

在数字经济时代，企业需加快转型以应对快速变化的市场需求。传统企业的组织架构多数为金字塔式，这种形式存在诸多问题。一是组织架构不够简洁；二是部门职责不够明确，业务部门进行内部竞争可能导致资源浪费；三是各部门之间业务衔接不顺畅。

对传统组织架构进行数字化转型，企业需要积极对自身的业务特点进行探索，研究转型路径。通常有以下几种趋势。一是极小化的企业组织。通过合理缩减部门，推进企业的组织架构网格化、扁平化，形成灵活、有弹性的企业组织。二是极大化的平台。例如，阿里巴巴、京东、百度、腾讯等互联网龙头企业打造了一个巨型的创新创业平台，构成了一个点对点互联互通的生态系统。三是生态化的产业联盟。由于企业业务的持续创新，与业务链的深入拓展，基于各种目的的产业联盟体系不断丰富，多种产业联盟涌现。

10.2.3 企业商业模式变革

数字化转型促使企业对商业模式进行变革。商业模式数字化是指基于新一代数字技术，围绕用户体验、企业平台和业务内容，为企业实现价值增值、为用户实现服务提升的过程。用户能够通过自我服务和提供数据源的方式融入企业价值创造的过程，对企业价值的创造和传播产生积极影响，大大提高价值创造的效率和定价的精确性。通过生产、制造系统与销售系统互联互通，实现用户需求和偏好的信息与内部流程快速集成匹配，并打造可视可信的追溯体系，更好地为用户提供长期价值。商业模式主要有四个板块：创造价值、传递价值、支持价值及获取价值，商业模式数字化将对这四个板块产生多方面的影响。

从创造价值方面看，数字化使越来越多的产品成为物联网的一部分。例如，空调、洗衣机等变得越来越智能。从传递价值方面看，通过分析用户在 App 的购买记录数据可以得出用户偏好，然后通过有针对性的信息传播进行品牌营销。从支持价值方面看，数字化对企业核心资源的要求越来越高，提高了企业竞争力，降低了组织间的交易成本，促进了企业在产业链生态平台上合作。从获取价值方面看，数字化推动了企业技术创新，运营效率更高，价值获取规模更大。

10.3 场景应用引领产业数字化发展新方向

数据正在成为新经济时代举足轻重的新生产要素，其应用广泛、影响深远。抓住产业数字化转型新机遇，企业将实现生产效率和效益的提升。数字化场景应用越来越全面，主要分为两大类：通用业务场景和行业特定场景。其中，通用业务场景是指无明显行业属性的场景，采用数字技术实现自动智能、提高生产力等；行业特定场景是指与行业特征和相应的业务属性紧密相关的场景。通过研究典型的行业特定场景，以数字化提升特定业务的处理速度，提高企业整体营运效率，进而向更多的应用领域延伸，这也是实现产业数字化转型目标的主要途径。

通用的数字化场景应用有流程生产、项目管理、产品销售及办公服务等。此外，在文娱、零售、金融、制造、教育及政务等各领域的部分通用业务场景正在慢慢转变为行业特定场景。产业数字化场景应用涵盖的领域越来越广泛，其发展主要呈现三种趋势：一是供应链的数字化转型，促使采购和销售升级；二是数字贸易构建国内国际双循环；三是数字化监管加强，数字税引发关注。

10.3.1 供应链数字化转型，促使采购和销售升级

目前，企业供应链的复杂度急剧提升，在更新迭代的同时也带来了前所未

有的挑战。一是全球产品处于供大于求的局面已久,导致企业利润不断下降,无法支撑较复杂的供应链运作;二是随着网红效应的产生,用户的需求不断被激发,热情褪去后产品的价值就会大打折扣,导致相关产品的生命周期变短;三是新冠肺炎疫情、自然灾害等难以预测的"灰犀牛"事件造成的不确定性在增强供应链业务开展的难度。

为了更好地应对以上问题,经过各大企业的不断实践与试错,智慧供应链体系逐渐成熟。智慧供应链利用新一代数字技术对传统供应链进行升级,并以数字化手段逐步向服务端延伸。随着销售网络的形成与日益发达,电商渠道也逐步完善与丰富。依托大数据、云计算、智能化分析及深度学习等技术对销售数据进行处理,实现对用户喜好的精准刻画,并根据反馈情况用于企业对产品的调整,有针对性地进行产品的研发与生产。

10.3.2 数字贸易构建国内国际双循环

当前,我国新冠肺炎疫情防控取得了优异的成绩,为复工复产复商复市提供了支持。而且,我国具有巨大的市场规模,具备形成国内大循环的条件。在此基础上,贸易数字化水平逐渐提高,有利于构建国内国际双循环。数字贸易发展趋势主要体现在以下几个方面。

(1)贸易效率得到了提升

数字技术的发展和应用降低了信息的共享成本,也极大地减少了信息的不对称。世界各地可更便捷地将全球价值链、产业链、供应链相连接。同时,数字平台的发展连接众多生产者和消费者,彼此可以更便捷地进行跨地区、跨国界贸易,实现全球买卖交易的发展格局。

(2)催生了新的贸易形态

在货物贸易方面,实物与数字技术的融合一方面促进了电子商务蓬勃发展，另一方面形成了物联网技术在制造业中广泛应用，极大地提高了生产效率。服务贸易领域也出现了数字旅游、数字教育、数字医疗及数字金融等数字技术赋能传统服务贸易形成的新业态。

（3）国际贸易结构得到了改变

一方面，数字技术的兴起使数字硬件的国际贸易份额大幅提升。例如，电子信息产品、通信设备、人工智能产品等逐步占据国际贸易的主要份额。另一方面，数字软件和数字内容在世界服务贸易中的地位迅速上升。另外，数字贸易本身也出现了社交媒体、云计算、搜索引擎及大数据分析等新业态。

10.3.3 数字化监管加强，数字税引发关注

随着数字化广泛影响力与数字技术的不断升级，基于先进技术搭建的数字化平台的规模在不断扩大，平台对资金、流量、技术及数据等资源的掌控力逐步增强，各有关部门对数字化监管的力度也在不断加大。

由于传统的税收设计规则在数字经济时代变得越来越捉襟见肘，数字税逐渐引发了各界关注。2020年底，法国恢复对Facebook、亚马逊、谷歌等大型科技企业征收数字服务税后，英国、印度等国家也先后宣布征收数字税。目前，全球已经有近50个国家宣布开始或拟开始以企业的营收和利润为基础征收数字税。我国数字经济发展迅速，数字化已经渗透到经济、社会的各个层面，包括数字政策、数字财政、数字税收及数字管理等方面，数字税距离我国也越来越近。我国应当对数字税的征收路径做好规划，平衡数字经济和传统经济的发展关系，积极参与国际制定多边税收的谈判，提高我国的国际影响力，为我国数字经济的发展争取良好的国际环境。